Christina Riecke
Days of Grace

Christina Riecke

Days of Grace

Was Mädchen und junge Frauen bewegt

Wie Mädchen und junge Frauen
im Glauben wachsen

BRUNNEN

VERLAG GIESSEN·BASEL

*Für die Mädchen der Days of Grace-Gruppe in Essen,
für meine Mentees Danny, Dudi, Ines, Kirsten und Stephi,
und meine Patentöchter Franziska, Josra und Marike*

© 2004 Brunnen Verlag Gießen
www.brunnen-verlag.de
Lektorat: Petra Lütjen
Fotos innen: Martin Weinbrenner
Umschlagfoto: ifa-Bilderteam, Frankfurt
Umschlaggestaltung: Ralf Simon
Satz: DTP Brunnen
Druck und Bindung: Ebner und Spiegel, Ulm
ISBN 3-7655-3769-1

Inhalt

Lyrik „Tage der Gnade" — 7

„Days of Grace" – Was? Für wen? Von wem? — 9

Vorwort für Mädchen und junge Frauen — 11

Vorwort für Mitarbeiterinnen — 13

Erster Abend — 21
Würde
„Ich bin Gottes Spiegelbild"

Zweiter Abend — 37
Sünde und Glück
„Ich erlebe Gnade!"

Dritter Abend — 55
Angst, Wut und Vertrauen
„Meine Angst ist nicht das Wichtigste!"

Vierter Abend — 69
Liebe, Gemeinschaft und Schönheit
„Ich gehöre dazu!"

Fünfter Abend — 89
Worte und Taten
„Ich will lieben, was Gott liebt!"

Sechster Abend — 107
Welt, Leben und Mut
„Ich kann was tun!"

Siebter Abend 123
Wie ein Baum zwischen Himmel und Erde
„Ich will über mich hinauswachsen!"

Morgendämmerung 141

Tage der Gnade

Gnade ist dein Blick
auf alle Dinge
Gnade ist dein Herz
und es schlägt für mich
Selbst dein Gericht ist Gnade
und jeder Weg
und jeder Tag

Gnade ist die königliche Sicht
auf deine Tochter, mich
Du hast immer mit mir mitgefühlt
Ich bin in Gnade eingehüllt

Gnade braucht
mein Scheitern
und braucht mein Gebet
meine Sehnsucht, meine Schuld
mein Tun und Wollen
Gnade trägt mich
rettet mich
Gnade ist dein Blick

Gnade ist die königliche Sicht
auf deine Tochter, mich
Du hast immer mit mir mitgefühlt
ich bin in Gnade eingehüllt

Was ist „Days of Grace"?

Eine Gruppe von Mädchen und jungen Frauen
Geschichtenerzählerinnen, Schwestern
die sich regelmäßig treffen
Alle mit Sehnsucht nach Gottes Nähe

Für wen ist dieses Buch?

Für Mädchen und junge Frauen
Für dich persönlich
Für das Gespräch mit deiner Freundin
Für eine neue Days-of-Grace-Gruppe

Was findest du in diesem Buch?

Inspiration und Ideen
Geschichten, Lyrik, Lieder, Gebete und jede Menge O-Töne von Mädchen und Frauen
Sieben Abende zu sieben großen Themen:
- ✔ Würde
- ✔ Sünde und Glück
- ✔ Angst, Wut und Vertrauen
- ✔ Liebe, Gemeinschaft und Schönheit
- ✔ Worte und Taten
- ✔ Welt, Leben und Mut
- ✔ Wachsen zwischen Himmel und Erde

Von wem ist dieses Buch?

Von etwa 25 jungen Frauen aus Essen im Alter von 15 bis 30: Anja, Anna, Anne, 2 x Christiane, Corinna, Danny, Doreen, Gudrun, Ines, Jasmin, Jenny, Julia, Juliane, Katharina, Katrin, Kirsten, Lisa, Maren, Marietta, Mona, Miriam, Rike, Sabrina, Sonja, Stephi, Verena und anderen

und von Christina Riecke
Evangelistin, Autorin, Lyrikerin
geboren 1969, verheiratet mit Detlev
lebt in einer christlichen Wohngemeinschaft in Essen
Hier engagiert sie sich beim CVJM e/motion
und gründete die Frauen-Initiative Sisterhood

Wohin kann man sich wenden, wenn man mehr wissen möchte?

Schreib eine Mail an dofg@yahoogroups.com
Oder besuch die Homepage www.CVJM-emotion.de

Für Mädchen und junge Frauen: Willkommen bei „Days of Grace"!

Was suchst du? *Gnade*? Ein Buch über Gnade?
Über *Glück*?
Über etwas, das allem *Glanz* verleiht?
Oder ein Buch, wie man anderen Gnade vertraut machen kann?
Dieses Buch erzählt davon.
Wie sich Mädchen und junge Frauen die Gnade vertraut machen.
Sich einander anvertrauen und Gott.
Und wie sie dabei einen Schatz entdecken.
So habe ich es miterlebt.
Jeder der sieben Abende, die in diesem Buch beschrieben werden, war ein Staun-Abend.
Ein Mädchen-Frauen-Staun-Abend.
Ein Mädchen-Frauen-Gott-und-Gnade-Staun-Abend.

Du findest hier für jeden Abend Geschichten, Lyrik, Lieder, Gebete und ganz viele O-Töne, wie sie original von anderen Mädchen und Frauen gesagt worden sind.
Die Themen

- ✔ Würde,
- ✔ Sünde und Glück,
- ✔ Angst,
- ✔ Wut und Vertrauen,
- ✔ Liebe,
- ✔ Gemeinschaft und Schönheit,
- ✔ Worte und Taten,
- ✔ Welt,
- ✔ Leben und Mut

sind für Mädchen und junge Frauen ausgearbeitet und mit ihnen zusammen bearbeitet worden. Du kannst dich einfach einklinken.

Du kannst dieses Buch ganz für dich persönlich lesen. Es gibt dir einen Einblick in die Herzen von anderen jungen Frauen.

Das Buch eignet sich aber auch, um es mit anderen zusammen zu lesen. Mit deiner besten Freundin. Oder vielleicht startest du eine Days-of-Grace-Gruppe?! Du sammelst ein paar Freundinnen, die auch über Gott, über die großen heiligen Fragen und über das Leben nachdenken wollen, und fängst an!
Die Geschichten eröffnen ein Thema, sie sind geeignet, um sie vorzulesen. Für jeden Abend ist auch ein Bibeltext ausgesucht.
Die Idee ist, dass die biblische Geschichte und du und deine Lebensgeschichte sich unterhalten. Beispiele, wie das passieren kann, findest du für jeden Abend. Vielleicht bleibst du auch bei den O-Tönen hängen und überlegst, wie du auf die Frage reagiert hättest und was du von der Antwort von Stephi, Anja, Corinna, Milena ... hältst.

Ich wünsche dir die Gnade Gottes. Dass du ins Staunen kommst über die Gnade und ins Schwärmen über Gott.

Herzlich,
Christina

Für Mitarbeiterinnen:
Willkommen bei „Days of Grace"!

Days of Grace – Tage der Gnade

Neulich lag eine bunte Postkarte in meinem Briefkasten. Ein Gruß verbunden mit einer kleinen Geschichte, wie jemand mitten im Alltag etwas von Gottes Gnade entdeckt hatte, unterschrieben mit: „deine Prinzessin Ramona". Ich hatte sofort ihr Gesicht vor Augen. Ein Mädchen voller Sehnsucht und Fragen. Ein Mädchen wie viele andere in ihrer Generation, und dabei so einmalig. Auf der Suche nach Glück. Nach Gnade. Nach Würde. Nach Vergebung und Erneuerung. Nach Vertrauen und Mut. Nach Gemeinschaft. Ein Mädchen, dessen Geschichte auch dunkle Kapitel hat und dessen Spiegelbild auch schon Kummer zeigt. Ein Mädchen, das Scheitern kennt, Druck und Enttäuschung. Ein Mädchen, das Gaben hat und sie einbringen will. Das nach Vorbildern sucht, die zeigen, wie man einen Beitrag in der Geschichte leisten kann. Ein Mädchen, das aufblühte, als sie Gottes Liebe für sich entdeckte. Ramona, die über Jesus staunt und merkt: „Jetzt ist die Zeit der Gnade, heute ist ein Tag des Heils." Ein Mädchen, das weiter aufblühen und wachsen will. Nach Wurzeln sucht und sich dem Licht entgegenstreckt. Eine Prinzessin, ein Königskind, eine Tochter Gottes.

Dieses Buch erzählt von Mädchen

Dieses Buch erzählt von Mädchen und ihren großen, heiligen Fragen nach Gott, nach Glück und Gelingen. Wie sie staunen über die Würde (Kapitel 1), die Gott den Menschen verleiht. Wie sie sich als Prinzessinnen, als Gottes Töchter ansehen. Wie sie die Wahrheit von Schuld erkennen und die Erleichterung von Vergebung feiern und wie sie lernen, Sünde und Glück – beides – in Worte zu fassen (Kapitel 2).

Es erzählt auch davon, wie Mädchen ihrer Angst begegnen, sie zulassen und erleben, dass Angst verwandelt werden kann – vielleicht zunächst in starke Empfindungen wie Wut – und dadurch dann in die lebensnotwendige Erfahrung von Vertrauen (Kapitel 3).

Wie sie über Liebe sprechen, die man nicht machen kann, aber pflegen, über Schönheit, die man nicht kaufen kann, aber verliehen bekommt, über Gemeinschaft, die gestiftet wird und Menschen aufnimmt und trägt (Kapitel 4).

Es erzählt, wie Mädchen über den Zusammenhang von Worten und Taten nachdenken und praktische Verabredungen treffen, damit Einsichten zu Erfahrungen werden können (Kapitel 5).

Wie sie Gottes Geschichte entdecken, die eigenen Gaben und wie sie um den Mut ringen, ihren eigenen Beitrag zu leisten, um das Leben zu verändern, zu gestalten (Kapitel 6).

Es erzählt von Mädchen wie Ramona, die wachsen wollen; erwachsen werden, reifen und mit Gott über sich selbst hinauswachsen (Kapitel 7).

Dieses Buch erzählt von Gott

Dieses Buch erzählt von Gott. Wie seine Gnade heute Menschen berührt. Dass Gott nicht stumm ist und nicht taub, sondern lebendig und bewegend. Wie Gottes Wort, die Geschichten der Bibel, sich mit Lebensgeschichten verbindet und verbündet und dadurch neue Geschichten entstehen. Und wie Gottes Sohn, Jesus Christus, jeden Tag zu einem Tag der Gnade macht. Wie er Menschen in sein Licht holt, dass sie sagen können: „Jesus strahlt mich an. Das klare Licht zeigt mir die Wahrheit über mich selbst. Es rettet mich aus meiner Verlorenheit und meiner kalten Angst. Und es wärmt mich, dass ich selbst anfange zu leuchten." Es erzählt von Gesprächen zwischen Menschen und Gott: von Suchenden, die plötzlich beten, und von Fragen, die endlich die richtigen Antworten finden, von kleinen Wundern, die alles verwandeln.

Days of Grace, Tage der Gnade. So haben wir unsere Gruppe genannt, unser Treffen von Mädchen und jungen Frauen. So nennen wir auch die Erfahrung, die wir teilen: Jeder Tag ist ein Tag der Gnade, in der Ewigkeit, in Gottes Herz entstanden und uns geschenkt. Es gibt deshalb heilige Momente, Lichtblicke, Zeichen der Zuwendung, Wegweisung. Aus der Unendlichkeit für jeden Tag, jede Entscheidung, jeden Menschen Gnade – mehr als genug und kaum zu fassen.

Und ganz praktisch?

Sie ...

„Days of Grace" hat in meiner Gemeinde, dem CVJM e/motion, zunächst als Glaubenskurs begonnen. Er war ursprünglich für Jugendliche gedacht, und als er ausschließlich von Mädchen besucht wurde, änderten sich die Themen. Das kann einen überraschen – denn die Basics des christlichen Glaubens sollten doch eigentlich für alle dieselben sein?! Wir merken aber: Der Text der Bibel bleibt nie unberührt vom Kontext der Lesenden. Die Bibel hat keine leeren Seiten. Und wir sind auch keine unbeschriebenen Blätter. So verbinden sich bei „Days of Grace" Gottesgeschichten mit Mädchengeschichten – und das Ergebnis sieht anders aus als wenn es sich mit Jungen-, Jugend- oder ganz allgemein mit Menschengeschichten verbindet.

Days of Grace ist keine geschlossene Gruppe! Sie ist offen für Mädchen, die über Glaube, Gott und Sinnfragen nachdenken, sich mit anderen austauschen und sich anleiten lassen wollen. Jede Teilnehmerin kann zu jeder Zeit Freundinnen, Bekannte mitbringen. Die Verbindlichkeit und Vertrautheit sind trotzdem sehr hoch. Ganz selbstverständlich wächst die Gruppe, ändert sich, stellt sich auf neue Fragen, Charaktere und Biografien ein.
Die Teilnehmerinnen sind zwischen 15 und 30 Jahren alt, die

allermeisten zwischen 17 und 22. Alle bringen ihre Erfahrungen ein und ihre Fragen, Ältere und Jüngere. Wichtig ist nicht, wer weiter ist, sondern dass alle weiter wollen.

Jede kommt zu Wort! Um sprachfähig zu werden, muss man sprechen. Um eigene Fragen beantwortet zu bekommen, muss man sie stellen. Um persönlich vorzukommen, muss man sich einbringen. Es wird garantiert, dass alle zu Wort kommen. Die Leiterin fordert mit direkten Fragen jede einzelne Teilnehmerin auf, sich zu äußern. Dabei kann es vorkommen, dass einige Mädchen an einem Abend mal mehr Aufmerksamkeit für sich beanspruchen und mehr Redeanteile haben. Aber es gibt keine „ständig Stillen" und keine, die immer reden. Zur Gruppe gehören zurzeit etwa 20 Mädchen. Jede kommt zu Wort. So sind die „O-Töne" des Buches entstanden. Es sind, zum Teil redigierte, zum Teil wortwörtliche Beiträge der Mädchen. Die erwähnten Namen sind – je nach Wunsch – ihre echten Namen, ihre Spitznamen oder reine Erfindung.

Die Gruppe wird von drei Mitarbeiterinnen begleitet und der Abend jeweils von mir geleitet. Zur Vorbereitung wähle ich den Bibeltext aus, meist inspiriert von dem Gespräch der vorherigen Woche. Beim Lesen des Textes habe ich die einzelnen Mädchen vor Augen und bete für sie. So entsteht schon in der Vorbereitung auf den Abend ein Dialog, ein inneres Gespräch der Geschichten. Am Abend selber leite ich durch Fragen (Kursivtext), und die Mädchen erzählen, versuchen ihre Antwort, formulieren ihre Einsicht, finden sich in Gottes Wort und finden Worte für Gott. Die Sharing-Frage am Anfang ermöglicht es mir, die aktuelle Stimmungslage einzuschätzen: Was jemand in zwei Sätzen sagt oder nicht sagt, spricht Bände. Wenn nötig, kann man sich in der Runde Notizen machen, sollte aber aufpassen, dass die Teilnehmerinnen sich nicht protokolliert fühlen. Am Ende fasse ich den Abend zusammen, ergänze ihn mit einer biblischen Erzählung, schließe ihn ab mit einem Gebet. Über den Abend hinaus stehe ich zur Verfügung und treffe mich mit einzelnen Mädchen; dann bin ich in der Rolle der Befragten und stelle mich zur Debatte mit dem, was ich glaube und lebe.

📕 ... blieben aber beständig ...

Wir treffen uns mitten in der Woche an einem Abend für etwa zwei Stunden. Der Abend läuft nicht, er rennt. Die Zeit wird immer knapp und die Mitarbeiterinnen müssen die Uhr im Blick haben. Zwei Stunden sind einfach zu wenig.
Deshalb geschieht einiges über diese Zeit hinaus:
Ein Mailverteiler wird während der Woche genutzt für Gebetsanliegen, spontane Einladungen, kurze Infos, Austausch über den Bibeltext des Tages, kleine Geschichten aus dem Alltag von Trost und Ermutigung ... Neue Teilnehmerinnen können sofort in den Verteiler aufgenommen werden, wenn sie wollen. Das tägliche Gebet füreinander verbindet die Teilnehmerinnen sehr.
Einladungen in den Gottesdienst (wöchentlich), zu einem stadtweiten Jugendgebetstreffen (monatlich) oder zu besonderen Events sind weitere Gelegenheiten, sich zu treffen.
Darüber hinaus gibt es das Angebot der Mitarbeiterinnen, einzelne Teilnehmerinnen intensiver zu begleiten und Mentoringbeziehungen einzugehen, verbindlich, zeitlich begrenzt, individuell zugeschnitten auf die Bedürfnisse der Mentees.

📕 ... in der Lehre der Apostel und in der Gemeinschaft ...

Ein Bibeltext steht im Mittelpunkt des Abends und inspiriert uns. Damit verbunden werden unsere persönlichen Erfahrungen, biografischen Fragestellungen, individuellen Erkenntnisse. Das Wort von außen, der Text der Bibel, verbündet sich mit der inneren Suche. Wir lesen, was das Wort Gottes sagt, befragen es, erkunden den Kontext, den historischen Zusammenhang, den sozialgeschichtlichen Hintergrund und erzählen die Geschichte weiter mit dem, was wir erleben.

„Ich habe immer gedacht, die Bibel ist ein altes Buch ohne Bezug zu mir. Jetzt bin ich jeden Tag überrascht, wie gut sie die Menschen beschreibt und wie nah sie dran ist an unseren Gefühlen, Fragen und Gedanken. Sehr aktuell, aufregend ist das!" *(Ein paar O-Töne)*

„Wer sich wünscht, den Willen Gottes schwarz auf weiß zu haben, der kann sich freuen, denn wir haben die Bibel. Hier steht, was Gott will."

„Es gibt so viele verschiedene Stimmen in meinem Leben. Da ist z.B. die laute Stimme, die sagt, was ‚normal' ist. Und was normal ist, ist gut. Und das wird gar nicht hinterfragt. Was ist denn normal und gut? Ich lese die Bibel, weil ich die Stimme Gottes hören will."

... und im Brotbrechen und im Gebet. (Apg 2,42)

Zu teilen, sich mitzuteilen, nicht nur für sich zu nehmen, sondern zu geben, sich als Teil einer langen Geschichte zu erleben und als Beteiligte einer Gruppe, ist die zentrale Erfahrung.
Je nach Möglichkeit ist es schön, mit allen gemeinsam zu singen. In diesem Buch ist jeweils ein passendes Lied für den Abend ausgesucht worden, andere aktuelle Lieblingslieder könnten dazukommen. In der aktuellen Gruppe singen alle gerne, und mehrere Beteiligte können gut Gitarre spielen und die Lieder begleiten. Wenn das nicht der Fall ist, kann ein Lied auch von CD gehört werden und dabei mitgesungen oder als Text mitverfolgt werden.
Dass an einem Abend außerdem viel grüner Tee und viel Schokolade geteilt wird, sollte auch noch kurz erwähnt wer-

den. Wir treffen uns mit der Gruppe in einem privaten, großen Wohnzimmer. Die Mädchen genießen die Offenheit, die Gastfreundschaft, gucken sich Deko-Ideen ab und freuen sich über die Nähe. Die private Atmosphäre ermutigt dazu, im Wohnzimmer auch Fragen über das Schlafzimmer zu stellen, den Spiegel im Bad, die Zeitung auf dem Klo und den Inhalt des Kühlschranks ...
Und das deutet auf die größte Einladung dieses Buches hin: das eigene Haus zu öffnen und darin Großzügigkeit und ganz verschwenderisch Zuneigung zu schenken. Das eigene Herz zu öffnen und zu teilen, wie es durch die Erfahrungen von Gnade und Treue weicher wurde, weiter, tapferer. Wie durch den Glanz Gottes das eigene Leben strahlender wurde ... und das eigene Gesicht manchmal auch. Es ist eine Einladung, sich Zeit zu nehmen für die nächste Generation und gemeinsam Tage der Gnade zu erleben.

P.S.: Am Ende eines Abends bin ich dann irgendwann wieder alleine. Ich habe die jungen Frauen verabschiedet, losgelassen, auf der Schwelle der Tür noch gesegnet. Ich räume die Tassen in die Spülmaschine, wische die Krümel weg, stelle die Stühle zurück an den Tisch. Hin und wieder muss ich den Kopf schütteln: „Hat sie das wirklich gesagt?" Oft kommen mir die Tränen. Mitten in der Küche. Weil ich so lachen muss. Oder so gerührt bin. Oder so traurig. Und ich denke: „Es ist unfassbar, wie sie so ehrlich sein konnte!" Wie kommt es, dass sie so offen sind? Und so frei von sich erzählen können?
Ich staune. Ich habe dafür keine Erklärung, die im Bereich des „Machbaren" und „Planbaren" läge. Ich bin dabei und staune. Was das inspirierende Wort Gottes bewirkt. Wie Gemeinschaft gestiftet wird. Wie Sehnsucht nach Gott etwas Neues zur Welt bringt.
Beim Beten sehe ich die Augen der Mädchen vor mir, ihre Gesichter und höre ihre kleinen wunderbaren Geschichten. Ich kritzle alles, was mir einfällt, in mein Tagebuch, damit ich es nicht vergesse. Diese kostbaren Momente, wo jemand ein

Aha-Erlebnis hat, sich selbst versteht oder überraschend Gott entdeckt, wo wir gerade gar nicht mit ihm gerechnet hatten. Diese unübertrefflichen Formulierungen, die mir so viele biblische Geschichten neu eröffnen, dass ich jetzt selber noch einmal in sie reingehen und mich neu in ihnen zu Hause fühlen kann. Diese wertvollen kurzen Sätze, die zu Worten des Lebens wurden.

Christina Riecke, Frühjahr 2004

Erster Abend

Würde

„Ich bin Gottes Spiegelbild"

Der erste thematische Abend beginnt mit der ersten Seite der Bibel. Die Mädchen, die Days-of-Grace zuerst erlebten, hatten die Idee, die Bibel wie jedes andere Buch von vorne nach hinten zu lesen und nicht etwa in der Mitte zu beginnen. Wir sind dieser Idee gefolgt und haben damit sehr gute Erfahrungen gemacht.

Der erste Abend hat das Ziel, zu entdecken, dass diese Welt und damit kein Mensch ein Zufall oder ein Unfall ist, sondern von Gott gewollt, ins Leben gerufen, geliebt und gehalten. Fragen nach Evolution spielten überhaupt keine Rolle. Einleitend wurde etwa diese Verabredung getroffen: „Dass es Gott gibt, kann ich euch nicht beweisen. Aber man kann das erleben. Dass die Welt seine Schöpfung ist, kann ich nicht beweisen, aber tun wir für einen Moment mal so, als wäre es so ... und dann sehen wir miteinander, was wir dabei erleben."

Wir sind dem Bibeltext zunächst wie jedem literarischen Text begegnet und haben dabei erlebt, dass Gottes Wort uns heute anspricht.

Der Gedanke, dass jeder Mensch nach Gottes Bild geschaffen wurde, wurde sehr stark betont, um die Nähe zu Gott und die Würde, die Gott dem Menschen verleiht, deutlich zu machen. *Würde ist der Schlüsselbegriff des Abends.*
Würde bekommt einen nahezu heiligen Klang, wenn die Mädchen das Wort gebrauchen. So selten kommt es in ihrem Alltag und Wortschatz sonst vor. Als entwürdigend erleben sie ihr Leben oft. Respekt ist oft das Allerhöchste, was man verlangen kann (– auch wenn man es nicht immer tut!). Dass ich persönlich Menschenwürde habe, dass der Mensch in dieser Würde unantastbar und das Leben heilig ist, ist ein neuer, fremder Gedanke – der aber sehr gerne angenommen wird und so große Kraft entwickeln kann.

Opener

Eines Tages kamen einige der neugierigsten Engel zusammen und wollten endlich einmal in Gottes geheimstes Schöpfungszimmer gucken, der Raum, in dem Gott die Ideen für neue Menschen erfand. Es war eine sehr große Halle, lichtdurchflutet, voller Musik und allen Sorten von Farben, die man sich nur vorstellen kann.
Die Engel beobachteten Gott für eine Weile und waren sehr beeindruckt von dem, was sie sahen. Gott machte nämlich jeden Menschen in allerfeinster Detailarbeit, jeden Einzelnen ganz besonders und wunderschön. Mit roten Haaren, schwarzen oder blonden, mit Locken, mit kaffeebrauner Haut oder rosafarben, mit blauen, braunen oder grünen Augen. Nicht ein Mensch sah genauso aus wie ein anderer. Jeder war einmalig. Und immer, wenn ein neuer Mensch fertig war, freute sich Gott sehr, lächelte und küsste den neuen Menschen. Dann verschwand er hinter einer Wand, um nach einer Weile wieder aufzutauchen und weiterzumachen. Jetzt waren die Engel erst richtig neugierig und fragten sich: „Was ist denn hinter dieser Wand versteckt?" Aber sie trauten sich nicht, Gott zu stören und warteten ab.

Plötzlich drehte sich Gott um, guckte sie an und meinte: „Irgendwelche Fragen?"
Und ein Engel war zum Glück mutig genug und stellte eine erste Frage: „Die Menschen sind alle so verschieden. Welche Sorte hast du denn am allerliebsten? Welche Hautfarbe, welchen Typ?"
Und Gott antwortete: „Was du beobachtest, ist sehr oberflächlich. Du musst tiefer gucken. Äußerlich mögen sie alle unterschiedlich aussehen, aber innen sind sie alle gleich. Innen haben alle Menschen ein Herz!" Und Gott wandte sich wieder seiner Arbeit, seiner Lieblingsbeschäftigung zu.
Da fragte ein kleiner Engel noch ganz schnell: „Und was ist hinter der Wand versteckt? Was machst du denn da immer, bevor du mit einem neuen Menschen beginnst?" Und Gott drehte sich um, lächelte und sagte: „Hinter der Wand hängt ein Spiegel! Ich sehe in den Spiegel, bevor ich einen weiteren Menschen schaffe nach meinem Bild."

Lied — „Du bist Schöpfer"

Siehst du die mächtigen Berge?
Hörst du das Rauschen der Wälder?
Spürst du die Strahlen der Sonne?
Oh, mein Kind, dann spürst du mich.

Siehst du die Vielzahl der Tiere?
Hörst du den Klang ihrer Stimmen?
Spürst du die Vielfalt des Lebens?
Oh, mein Kind, dann spürst du mich.

Oh, oh, du bist Schöpfer.
Oh, oh, mein Gott, du hast mich gemacht
und mich erdacht und dich gefreut wie ein Töpfer
mit deiner Hand dein Werk vollbracht.

Weißt du die Namen der Sterne?
Wie sind die Wege des Windes?
Wo ist die Wohnung des Lichtes?
Oh, mein Kind, das weiß nur ich.

Wie ist die Weite des Himmels?
Wo sind die Quellen der Meere?
Hast du die Erde erschaffen?
Oh, mein Kind, das hast du nicht.

Oh, oh, du bist Schöpfer.
Oh, oh, mein Gott, du hast mich gemacht
und mich erdacht und dich gefreut
wie ein Töpfer
mit deiner Hand dein Werk vollbracht.

Siehst du die Vielzahl der Menschen?
Hörst du das Lachen der Kinder?
Spürst du die Sehnsucht nach Wärme?
Oh, mein Kind, dann spürst du mich.

Siehst du die Brüder und Schwestern?
Hörst du den Klang der Anbetung?
Spürst du den Geist der Vergebung?
Oh, mein Kind, dann spürst du mich.

Oh, oh, du bist Schöpfer.
Oh, oh, mein Gott, du hast mich gemacht
und mich erdacht und dich gefreut
wie ein Töpfer
mit deiner Hand dein Werk vollbracht.

Text & Melodie: ProJoe, ©Sterntor Music, Nürnberg
(zu singen mit Gitarre oder zu hören von CD, Christival-Gebets-CD
„Jesus First", Hänssler Verlag;
hier sind auch die Noten zu finden.)

Sharing-Frage

☀ *Was hast du gedacht, als du heute Morgen in den Spiegel geguckt hast?*

Ina: „Ich sehe ein Mädchen, das nicht weiß, was es will. Und nicht weiß, wer sie ist. Aber trotzdem hat Gott irgendetwas mit ihr vor."

(Ein paar O-Töne)

Kara: „Ich frage mich, wie man innen schön wird."

Corinna: „Ich sehe das Gesicht von einem jungen Mädchen, das aber das Herz einer Frau hat. Ich sehe, was ich jetzt bin, und ich sehe, was ich sein werde. Gott sieht noch mehr."

Christiane: „Ich sehe ein müdes Gesicht, weil ich gestresst bin."

Milena: „Ich sehe meine Mutter. Ich werde ihr immer ähnlicher, das sagen alle. Gestern hatte ich Stress mit ihr. Dann will ich die Tochter von jemand anders sein."

Stephi: „Ich sehe eine Frau, die eigentlich eine Prinzessin ist, das aber über Nacht vergessen hatte. Sie muss sich sagen lassen, dass sie eine Tochter Gottes ist, dann glaubt sie es wieder."

Text

Wir lesen die Schöpfungsgeschichte nach Genesis (1. Mose) 1,1 – 2,4.

Interaktiv-Session

Kurze Einstiegsfragen zum Text:

☀️ *Worum geht es eigentlich, und warum war es wichtig, das aufzuschreiben?*
„Diese Welt ist nicht vom Himmel gefallen."

(Ein paar O-Töne)

„Die Welt ist Gottes Idee. Sie gehört ihm."

„Gott hat die Welt geschaffen, ganz am Anfang. Er hält sie immer noch in den Händen, er würde sie niemals loslassen. Er wird dafür sorgen, dass sie irgendwie ein gutes Ende nimmt."

„Gott hat sich alles gut überlegt, er war super kreativ. Er hat sich so viele Sachen überlegt! Krass ist das. Überlegt euch mal: das Meer, die Sterne, den Mount Everest, Schmetterlinge …"

„Blau, türkis, grün, gelb, orange. Nebel, Schneeflocken, Sonnenstrahlen. Pferde, Elefanten, Delfine, Adler. Butterblumen, Kastanien, Seerosen, Menschen."

☀️ *Was sagt die Bibel hier über Gott?*
„Gott ist kreativ."

(Ein paar O-Töne)

„Ja. Gott ist sehr originell!"

„Gottes Wort hat Macht. Es bewirkt, was Gott will. Das stimmt sicher immer noch."

„Gott tut, was er sagt, und was er sagt, das passiert."

☀ *Und was sagt der Text über den Menschen und über sein Verhältnis zu Gott?*
„Mein Leben ist kein Zufall. Es hat einen Schöpfer." *(Ein paar O-Töne)*

„Gott hatte die Idee von meinem Leben, die viel älter ist als das, was ich selber denke, meine Eltern oder andere Menschen."

„Ich will nicht mehr so reden, als wäre alles Zufall oder als wäre ich ein Unfall."

☀ *Was wäre, wenn es diesen Text nicht gäbe – was würde uns fehlen?*
„Wir wüssten nicht, was am Anfang war. Und dann wäre das Ende auch eine Frage. Wer alles gestartet hat, hat auch ein Interesse daran, wo es hinzielt." *(Ein paar O-Töne)*

„Die Geschichte ist eine Art Antrittsrede. Damit klar ist, wem alles gehört. Wenn dann später oder heute jemand anders kommt und meint, ihm würde die Welt gehören, kannst du mit dieser Geschichte widersprechen und sagen: stimmt nicht. Die Welt gehört nur Gott! Deshalb ist sie heilig."

Weitere Fragen (hier werden die einzelnen Teilnehmerinnen direkt angesprochen, möglichst so, dass jede zu Wort kommt.)

☀ *Ina, du hast gesagt, dass du nicht weißt, wer du bist. Meinst du, Gott wusste genau, was passierte, als er diese Welt schuf?*
Ina: „Ich denke, er weiß alles. Er hat alles gut geplant."
Denkst du, er hat alles auf einmal gesehen?
Ina: „Ich denke, ja. Aber er hat einen Blick für das Detail gehabt." *(Ein paar O-Töne)*
Was meinst du damit?
Ina: „Er hat den Überblick, aber er hat auch einen Blick für die

Würde – „Ich bin Gottes Spiegelbild"

Einzelheiten, für Kleinigkeiten. Er guckt nicht grob über die Masse, sondern er guckt genau hin."
Er sagt nach jedem einzelnen Tag, dass alles sehr gut ist, nicht erst am Ende, als alles vollkommen ist. Was bedeutet das?
Ina: „Du meinst, ich sollte mir jeden einzelnen Tag angucken und nicht immer schon das Ganze sehen?"
Was meinst du? Wie wäre das?
Ina: „Dann würde ich heute sagen: Ich weiß, wer ich heute bin. Ich bin Ina, ich bin auf dem Weg, ich werde erwachsen, ich bin gespannt, was passieren wird."
Und?
Ina: „Das ist gut."

Kara, war die Welt am Anfang schön? (Ein paar O-Töne)
Kara: „Wunderschön."
War sie innen und außen schön?
Kara: „Sie war total perfekt."
Und jetzt?
Kara: „Jetzt ist sie kaputt, verbraucht."
Du fragst dich, wie man innen schön wird.
Kara: „Äußerlich bin ich hübsch. Aber eigentlich bin ich kaputt und verbraucht."
Ist die Welt Gott immer noch heilig?
Kara: „Den Menschen ist sie nicht heilig, sie benutzen sie, als sei sie billig, als gäbe es noch viel davon. Für Gott ist sie immer noch heilig."
Und du?
Kara: „Menschen benutzen mich, als gäbe es noch viele wie mich. Gott bin ich heilig."
Und was sagst du über dich?
Kara: „Ich will mich nicht benutzen lassen. Heilig heißt auch kostbar, heißt auch unberührbar. Ich möchte, dass Gott mich beschützt. Heiligen kann er mich nicht."
Kann er dich heilen?
Kara: „Vielleicht. Das wäre schön."

☀️ *Corinna, bist du eine Frau oder ein Mensch?*
Corinna: „Ich bin eine Frau. Beides. Ich bin auch ein Mensch."
Und hat dich Gott als Mensch geschaffen oder als Frau?
Corinna: „Gott hat mich als Frau geschaffen. Ich bin froh, eine Frau zu sein."
Aber Gott hat dich auch als Mensch geschaffen?
Corinna: „Ja. Warum ist das wichtig?"
Erwartet Gott alles von dir, was er von einem Menschen erwartet? Oder erwartet er, was er von einer Frau erwartet?
Corinna: „Gibt es da einen Unterschied?"
Wenn es keinen gibt, warum ist es dann so wichtig, dass du eine Frau bist?
Corinna: „Gott hatte sicher eine gute Idee, als er sich ausdachte, dass es Männer und Frauen geben soll. Dass die sich ergänzen. Ich finde den Gedanken wunderschön, eine Frau zu sein. Ich kann mir gut vorstellen, Gottes Tochter zu sein. Oder von Jesus geliebt zu werden."
Also bist du eine menschliche Frau? Oder bist du ein weiblicher Mensch?
Corinna: „Eine menschliche Frau. Das entdecke ich zurzeit."
Also könnte eine andere Zeit kommen, in der du noch mehr ‚Mensch' wirst?
Corinna: „Ich weiß nicht. Jetzt werde ich eine Frau."

☀️ *Christiane, war Gott gestresst?*
Christiane: „Ich weiß nicht. Er hat sich viel Mühe gegeben. Er hat hart gearbeitet."
Brauchte er eine Pause?
Christiane: „Er hat sich Ruhe gesucht. Am siebten Tag hat er geruht."
Und du?
Christiane: „Ich müsste auch mal endlich wieder Ruhe suchen. Mir Zeit für Gott nehmen."
Gehört die Ruhe mit zur Schöpfung?
Christiane: „Ich lese mal kurz nach ... Ja. Hier steht ganz am

Ende, nach dem siebten Tag noch mal ‚so wurde die Erde geschaffen ...' Die Ruhe ist geschaffen."
Also ist sie da? Geschaffen.
Christiane: „Ja."
Irgendwie hört es sich sehr stressig an, wenn du sagst, dass du dir Ruhe suchen willst. Als würde das eine anstrengende Aufgabe!
Christiane: „Der Gedanke, mich erholen zu müssen, stresst mich."
Ich würde dir gerne zusprechen: Gott schafft Ruhe und hat sie nicht versteckt. Gott schenkt dir Ruhe, du musst sie nicht schaffen!
Christiane: „Danke."

☀ *Milena, wessen Tochter bist du?*
Milena: „Die Tochter von meinen Eltern. Von meinem Vater und von meiner Mutter. Mein Vater ist aber fast nie zu Hause."
Und deine Mutter?
Milena: „Meine Mutter trinkt zu viel."
Was ist das Lebensmotto deiner Mutter?
Milena: „Ich weiß nicht, ob sie eins hat. Vielleicht so was wie ‚Das Leben ist hart. Bloß nicht zu viel nachdenken.'"
Und dein Lebensmotto?
Milena: „Bevor ich Gott gefunden habe: ‚Hauptsache, du hast Spaß.' Jetzt: ‚Gott hilft mir. Alles macht Sinn.'"
Was ist Gottes Lebensmotto?
Milena: „Ich weiß nicht. Er sagt hier ziemlich oft ‚sehr gut'."
Sagt er zu allem, was er schafft, ‚sehr gut'?
Milena: „Warte einen Moment ... Als er den Himmel von der Erde trennt, sagt er es nicht."
Hm.
Milena: „Vielleicht leidet er selbst manchmal darunter, dass die Erde nicht der Himmel ist!?"
... mit dir?
Milena: „Ja. Jesus leidet auch mit mir. Oder: Er versteht alles."

Maria war wohl keine Alkoholikerin, aber sie hat Jesus, also ihr Kind, auch nicht immer verstanden.
Und sein Vater?
Milena: „Also Josef war wohl auch nur selten da ... Aber sein Vater im Himmel hat ihn verstanden, mit dem war er sich einig. Die beiden wollten dasselbe. Das hat ihm gut getan."
Ist er auch dein Vater? Du seine Tochter?
Milena: „Ja. Ich fühle mich jetzt stärker, nicht mehr so alleine."

Stephi, ist der Mensch die Krone der Schöpfung?
Stephi: „Ja. Aber man könnte heulen, wenn man sieht, was er aus seiner Position, aus seiner Verantwortung gemacht hat."
Du sagst von dir, dass du eine Tochter Gottes bist. Was siehst du, wenn du dich hier umguckst?
Stephi: „Ich sehe ganz viele Töchter Gottes. Lauter Prinzessinnen."
Wie in der Werbung (ich glaube für Thomy Mayonnaise, die im Leuchtturm gegessen wird), wo allen Köchen so eine goldene Kochmütze über dem Kopf leuchtet? Jede von uns hier mit einer kleinen Krone?
Stephi: „Hi. Ja. Jede mit einer Krone. Es heißt ja in der Bibel, dass Gott uns krönt mit Gnade und Barmherzigkeit (Psalm 103,4)."
Wir merken, wir erleben, dass wir nicht zu Gott passen. Dass wir der Verantwortung nicht gerecht geworden sind. Und in seinem Thronsaal aus dem Rahmen fallen würden ...
Stephi: „Ja. Da würden wir wohl am liebsten im Erdboden versinken."
Aber ob es im Himmel Erdboden gibt? ... Deshalb brauchen wir seine Gnade, sein Herz voller Erbarmen.
Stephi: „Ja. Und das gibt er nicht nur einfach, sondern er krönt uns damit. Er sorgt dafür, dass wir in seine Nähe passen."
Die Gnade holt uns in die Nähe Gottes.
Stephi: „Ja. Sie adelt uns. Sie macht uns alle schön."

Jesus ist das perfekte Bild Gottes.
Er ist ihm gleich, in allem. Er zeigt uns, was Gott will, und er liebt, was Gott liebt. Er ist der Eine, der beide Welten kennt. Anders als wir Menschen kennt er auch den Himmel. Und anders als Gott, weiter weg, kennt er auch die Erde.
Er weiß wirklich, was es heißt, ein Mensch zu sein, in dieser Welt zu leben. Er kennt das alles: Freude, Schönheit, Enttäuschung, Schmerz, Kummer, Einsamkeit, er hat es selbst erlebt. Aber er ist der Eine, der auch das andere kennt: Liebe, die ewig ist, Gerechtigkeit, vollkommen, Glück ohne Ende. Er muss hier entsetzliches Heimweh gehabt haben.
Er weiß, was es heißt, heil und ganz bei Gott zu sein. Weil er beides kennt, ist er der Einzige, der beides miteinander verbinden kann; uns verbinden, rüberlieben, retten, heilen.
Am Ende trägt er eine Dornenkrone. Sie soll ihn verspotten, aber sie zeichnet ihn doch als König aus. Ganz am Ende trägt er ein Kreuz. Und er trägt alle Schuld. Was wir getan haben und was wir uns haben antun lassen. Alles, was uns entfremdet, verletzt, von unserem schönen Original entfernt. Jesus trägt unsere Spottkrone. Und dann krönt er uns mit Gnade.

(Diesen Text kann man vorlesen oder den Inhalt mit eigenen Worten wiedergeben.)

Verabredung

☀ *Gibt es eine Entscheidung, die ihr treffen wollt? Etwas, das anders werden soll in eurem Denken oder eurem Handeln? Braucht ihr dafür Unterstützung?*

Stephi: „Ich will morgen früh in den Spiegel sehen und mir vorstellen, dass ich eine Krone trage. Eine Days-of-Grace-Krone."

Ein paar O-Töne

Milena: „Ich will in den Spiegel sehen und nicht zuallererst daran denken, dass ich meiner Mutter ähnlich bin, sondern daran, dass Jesus uns so ähnlich geworden ist."

Kara: „Ich wünsche mir, dass ihr für mich betet, dass ich heil werde und nicht so schlecht über mich denke. Und dass ich morgen früh, wenn ich in den Spiegel gucke, daran denke, dass Gott mich beschützt. Und dass ich den Schutz auch in Anspruch nehmen darf."

Corinna: „Ich freue mich, dass ich eine Frau bin. Ich will Gott dafür danken. Und das möchte ich auch anderen Mädchen und Frauen vermitteln."

Christiane: „Ich wünsche mir, dass ich den siebten Tag erlebe und Gott mir Ruhe schenkt. Dass ich nicht meine, die Ruhe selbst erfinden zu müssen. Dass ich mich beschenken lasse."

Abschluss

Paulus sagt einmal: „Wir sehen jetzt durch einen Spiegel ein dunkles Bild; dann aber von Angesicht. Jetzt erkenne ich stückweise; dann aber werde ich erkennen, wie ich erkannt bin. Nun aber bleiben Glaube, Hoffnung, Liebe, diese drei; aber die Liebe ist die größte unter ihnen. (1. Korinther 13, 12-13)

Wir haben kein Foto von Gott

Wir haben kein Foto von Gott
Keiner allein kann sich Gott auf die Fahnen schreiben
Keine Hautfarbe, keine Nation, kein Geschlecht
Gott schuf den Menschen nach seinem Bild
Gott spiegelt sich in uns allen

Wir haben kein Foto von Gott
Gott lässt sich nicht von unseren Vorstellungen einschränken
Und seine Liebe lässt sich nicht beschränken
auch wenn wir so oft erleben
wie kleinlich, wie eng,
wie besitzergreifend und fordernd
die Liebe sein kann

Wir glauben, dass jeder Mensch ein Bild Gottes ist
Gott spiegelt sich in uns allen
Wir glauben, dass seine Liebe allen Menschen gilt
Gott sehnt sich nach allen
Wir sind seine Kinder
Töchter Gottes

Wir sind so weit weg von dem schönen Bild des Ursprungs
Und wir beten:
Gott, wir wollen deiner Idee von uns ähnlich werden
Danke, dass du uns krönst mit Gnade
Jede von uns siehst du an mit liebevollem Blick
an diesem Tag der Gnade
und bis in die Ewigkeit. Amen

Dein Blick – eine Art Gebet

Wenn ich vor dem Spiegel stehe
und mir in die Augen sehe
Müdigkeit darin entdecke
und mich vor mir selbst erschrecke
wenn das Licht so grell erscheint
und meine Schönheit ganz verneint
Wenn die Falten nur erzählen
von Geschichten, die mich quälen
will ich in deiner Gnade sein
Dein Blick geht unter meine Haut
du hast mich zärtlich angeschaut
und was du siehst, ist das, was gilt
Was du sagst, hat mich erfüllt
Hast meine Sehnsucht mir gestillt
Ich wäre so gern dein Spiegelbild

Zweiter Abend

Sünde und Glück

„Ich erlebe Gnade"

Dieser Abend hat das Ziel, zu verstehen, was Sünde bedeutet. Der Multiple-Choice-Test als Opener zeigt die vielen kleinen Varianten von Meinungen, die es zu diesem Thema gibt. Er soll sensibilisieren für die Nuancen, die inhaltlich einen großen Unterschied machen können.
Der zweite Opener, die Geschichte, zeigt verschiedene Dimensionen von Schuld und macht klar, wie verstrickt und abhängig ein Mensch sein kann. Sie deutet auch an, dass Sünde nicht nur das ist, was ein Mensch tut, sondern auch, was er sich antun lässt, welche Urteile er akzeptiert und welche Bilder er von sich hat. Darüber hinaus zeigt sie eine Dimension von Schuld, die weit über einzelne Menschen hinausgeht und ganze Systeme und Ordnungen trifft und in Mitleidenschaft zieht.
Wir sind dem Bibeltext zunächst wieder wie einem literarischen Texte begegnet, der in „uriger" Sprache bei einer Urerfahrung des Menschen ansetzt: misstrauisch zu sein. Wichtig wurde die Entdeckung, dass wir aktiv, bewusst und passiv, mitmachend sündigen.

Sünde und Glück sind die Schlüsselbegriffe des Abends.
Das Fazit des Abends lässt sich vielleicht so formulieren: Sünde ist ein Riesenproblem, das Paradies weit weg, Rettung dringend nötig. Ist das alles? Nein. Eins noch: Zu unserem Glück gibt es Gottes Gnade!

Lied: „Trading My Sorrows"

I'm trading my sorrows
I'm trading my shame
I'm laying them down for the joy of the Lord

I'm trading my sickness
I'm trading my pain
I'm laying it down for the joy of the Lord

We say yes Lord yes Lord yes yes Lord
Yes Lord yes Lord yes yes Lord
Yes Lord yes Lord yes yes Lord. Amen

I'm pressed but not crushed
persecuted but not abandoned
Struck down but not destroyed
I am blessed beyond the curse
for his promise will endure
That his joy's gonna be my strength
Though the sorrow may last for the night
His joy comes with the morning

©1998 Integrity's Hosanna! Music
Written by Darrell Evans
singen mit Gitarre, Noten in „In Love with Jesus 2"
Projektion J Musikverlag, Gerth Medien

Opener I

Jede Teilnehmerin macht für sich den Multiple-Choice-Test zum Thema Sünde.
(Der Text kann anschließend „aufgelöst" und besprochen werden, dann wird die Zeit aber knapp und es empfiehlt sich, das Thema auf zwei Abende zu verteilen. Der Text kann auch als Anregung, Einstieg und Hintergrundinfo wirken.)

Sünde***Multiple***Sünde***Choice***Sünde***Test***Sünde

1. Um in den Himmel zu kommen ...
   a) muss man sich anstrengen
   b) sollte man sich anstrengen
   c) darf man sich auf keinen Fall anstrengen
   d) kann man sich ruhig anstrengen
   e) muss man sich nicht anstrengen

2. Schuld vergibt Gott ...
   a) gerne
   b) nach Lust und Laune
   c) wenn wir sie bereuen
   d) wenn wir sie bekennen/beichten
   e) wenn wir auch unseren Schuldigern vergeben
   f) wenn wir um Vergebung bitten

3. Sünde ist ...
   a) eine Herzenseinstellung
   b) das zerstörerische Potenzial des Menschen
   c) Misstrauen gegenüber Gott
   d) wenn der Mensch sein Ziel verfehlt
   e) unmoralisches Verhalten
   f) Übertreten der Gebote

4. Sünde (zer-)stört ...
   a) die Beziehung zu Gott
   b) die Beziehung zu anderen
   c) die menschliche Familie
   d) mich selbst
   e) die Schöpfung
   f) diese Welt

5. Sünde ist ...
   a) ehebrechen
   b) Mangel an Liebe
   c) Egoismus
   d) töten
   e) am Töten beteiligt sein
   f) nichts gegen das Töten tun
   g) klauen, was anderen gehört
   h) nehmen, was allen gehört
   i) die Bibel nicht lesen
   j) Days of Grace schwänzen
   k) über Gott lachen

6. Gott liebt ...
   a) die ihn lieben
   b) Sünder
   c) Sünde
   d) Gerechte
   e) alle Menschen

7. Vergebung ist ...
   a) gratis, ein Geschenk
   b) für uns erkauft
   c) teuer bezahlt worden
   d) lebensnotwendig

8. Beichten ...
a) würde ich gerne mal
b) können andere gerne bei mir
c) ist befreiend
d) ist beängstigend
e) ist katholisch
f) ist nicht nötig

9. Das beste „Bild" für Gnade ist ...
a) Loskauf
b) Opfer
c) Reinigung
d) Genugtuung
e) Befreiung
f) Versöhnung
g) Rechtfertigung, Gerechtsprechung
h) Sühne
i) Glück

10. „Ich bin heilig und ihr sollt auch heilig sein", sagt Gott ...
a) – aber das geht leider nicht
b) – da verlangt Gott Unmögliches
c) – das erwartet er nur von ganz bestimmten Menschen
d) – das war früher mal so
e) – das steht so nicht in der Bibel

11. Tun, was Jesus sagt ...
a) sollen wir
b) müssen wir
c) können wir
d) dürfen wir
e) sollen wir wenigstens versuchen
f) schaffen wir sowieso nicht

12. Gute Taten ...
a) sind super
b) freuen Gott
c) sind gut für mich
d) sind gut für andere
e) sind wichtig, um in den Himmel zu kommen
f) sind unwichtig
g) sind eher hinderlich

13. Meine Verfehlungen ...
a) trennen mich von Gott
b) ärgern mich
c) machen mich traurig
d) machen Gott traurig
e) möchte ich lassen
f) kenne ich meistens nicht

14. Jesus ...
a) war ein Mensch wie wir
b) war ein Übermensch
c) war immer ohne Sünde
d) ist Gottes Kind
e) ist Gottes Sohn
f) soll unser Vorbild sein
g) ist eine historische Person
h) lebt

15. Wenn mir Schuld vergeben wird, dann ...
a) habe ich sie mir selbst vergeben
b) bin ich Gott dafür dankbar
c) freue ich mich
d) glaube ich das meistens nicht
e) möchte ich Gott was dafür zurückgeben
f) will ich nicht wieder schuldig werden
g) will ich auch anderen vergeben
h) will ich, dass andere das auch erleben

16. Die Gebote ...
a) sagen mir, was ich tun soll
b) zeigen mir, was ich falsch mache

Opener II

Nennen wir sie Lili. Ein Mädchen, das ich eine Weile begleitet habe. Als ich sie kennen lernte, war sie gerade 13 Jahre alt geworden, diese Geschichte erlebten wir etwa drei Jahre später zusammen. Lili ist ein sehr hübsches junges Mädchen, klug, wach, sportlich und kreativ. Und sie hatte es immer geliebt, mit Barbies zu spielen und ist auch jetzt mit 16 noch einfach ein echter Fan. Ihr ganzes Zimmer ist voller Barbies. Barbie hat verschiedenste Kleider, eine Kutsche, Pferde und ein rosafarbenes Haus. Barbie kann eine Stewardess sein oder Ärztin, Sängerin, oder – und das ist Lilis Lieblings-Barbie: eine Braut! Die Barbiebraut sitzt im weißen Kleid direkt neben Lilis Bett. So wie sie will Lili auch sein.
Sie möchte eine Figur wie eine Barbie haben. Und sie fängt an, weniger zu essen. Sie macht eine Diät. Und wird dünner. Ihre Eltern machen sich Sorgen. Lili isst und kotzt anschließend heimlich. Und wird dünner. Lili wird ernsthaft krank.
Dabei ist Lili ein Mädchen, das eigentlich alles hat. Sie ist beliebt und begabt, ihre Eltern geben ihr ein gutes Zuhause. Aber Lili ist zutiefst unglücklich. Oft sagt sie: „Ich habe alles, aber ich fühle mich leer. Ich vermisse etwas. Und dabei fühle ich mich so schrecklich undankbar."
Ich begleite Lili seit einer Weile und merke, dass ich nicht mehr weiterkomme. Warum will so ein Mädchen nur „ausbrechen" aus seinem Leben? Was ist daran so zum Kotzen? Was könnte den Hunger stillen? Ich bete, dass Gott sie berührt. Dass irgendetwas geschieht, damit sie entdeckt, wie begnadet sie ist, wie dankbar sie sein kann, wie reich ihr Leben ist.
Eines Tages ruft mich Lilis Mutter an, und sie klingt sehr aufgeregt. „Kommen Sie bitte schnell", sagt sie. „Es ist etwas

passiert!" Mein erster Gedanke ist, dass Lili sich das Leben genommen hat. Aber Lilis Mutter spürt wohl, was ich denke, und beruhigt mich: „Nein, es ist nichts Schlimmes. Aber irgendetwas Entscheidendes!"

Ich fahre sofort hin.

Ich komme bei Lili zu Hause an. Sie sitzt in ihrem Zimmer. Ich merke sofort, dass es vollkommen anders aussieht als vorher. Alle Barbies sind weggeräumt. In der Mitte des Zimmers steht ein großer brauner Karton, oben drauf liegt die Barbiebraut. Ich gucke sie an und frage: „Was ist passiert?" Und sie erzählt:

„Am Morgen fühlte ich mich nicht gut und bin nicht zur Schule gegangen. Ich habe mich vor den Fernseher gelegt und da lief eine Sendung über Spielzeug. Wie die Firma, die Barbies herstellt, Spielzeug herstellt. Und da sah ich ein junges Mädchen, weit weg, in China. Sie ist genauso alt wie ich und sie steht an einem Fließband und setzt Barbies zusammen. Kopf auf den Rumpf, Arme rein, Beine rein. Kopf, Arme, Beine, Kopf, Arme, Beine. Sie hat keine Zeit zu spielen. Ihr Lohn ist ein Bruchteil von dem, was eine Barbie kostet. Und ich sah mich mit ihren Augen an. Und da sah ich anders aus, als ich immer dachte."

Lili lächelte. Und dann sagte sie sehr leise, aber irgendwie auch keck: „Hättest du Lust, einen Salat mit mir zu essen?"

Es war die schönste Einladung zum Mittagessen, die ich je bekommen habe!

Lili geht es heute gut. Sie ist jetzt 18 und hatte noch viel Arbeit zu leisten, um sich besser zu verstehen und mit Gottes Blick sehen zu können. Sie isst normal. Sie lebt gerne. Sie ist glücklich.

Sharing-Frage

☀ *Was hast du heute schon alles getan?*
Doro: „Ich habe viel getan, aber nicht viel geschafft. Nichts, das bleibenden Wert hat. Nichts Wichtiges. Ich war nur einfach da."

(Ein paar O-Töne)

Mona: „Ich habe viel getan. Und ich bin ganz zufrieden damit. Ich habe mit vielen Menschen über Gott gesprochen. Das macht mich glücklich."

Janina: „Ich hab nicht viel gemacht. Ich hab mitgemacht."

Katrin: „Ich weiß, dass ich ganz viel nicht geschafft habe. Ich bleibe jeden Tag hinter meinen eigenen Wünschen zurück. Ich schaffe es nicht, das zu tun, was ich tun will. Ich frage mich, wie viel man an einem einzigen Tag verkehrt machen kann?!"

Kara: „Ich wollte mich nicht mehr benutzen lassen, aber es fällt mir schwer. Ich denke wohl selber irgendwie, dass ich billig bin."

Text

Wir lesen die Geschichte vom Sündenfall nach Genesis (1. Mose) 3:
1. Mose 3, 1-13
* 3, 14-19
* 3, 21-24 und
2. Korinther 5,17

Interaktiv-Session

Kurze Einstiegsfragen zum Text:

☼ *Worum geht es eigentlich, und warum war es wichtig, das aufzuschreiben?* (Ein paar O-Töne)
„Die Geschichte erklärt, warum die Welt kein Paradies mehr ist."

„Gott hat die Welt ursprünglich vollkommen geschaffen. Aber dann ist was passiert."

„Es gibt diese Alternative: Entweder du glaubst Gott oder du lässt dir einreden, dass man ihm besser misstraut. Das ist immer so."

☼ *Welche Bilder, welche Worte bringen dich zum Nachdenken?*
„Gott hat auch die Schlange geschaffen. Sie ist ein Geschöpf – ich dachte vorher immer, sie wäre so was wie ein zweiter Gott, ungefähr so stark wie der gute Gott."

☼ *Was sagt die Bibel hier über Gott?* (Ein paar O-Töne)
„Ich stelle mir vor, dass Gott gerne freiwillig von uns geliebt werden möchte. Wenn mein Freund mich erst dann lieben würde, wenn ich ihm ein Mittel gespritzt habe, dass er gar nicht anders kann, ist seine Liebe nichts wert. Ich will, dass er sich entscheidet, mich zu lieben. Ich glaube, Gott geht es genau so. Er zwingt niemand, ihn zu lieben. Er stellt dich vor die Wahl."

„Was für ein Risiko Gott mit der Liebe eingeht!"

„Die Geschichte sagt auch, dass es niemals ohne Konsequenzen ist, wenn du dich aufspielst, als wüsstest du selbst, was gut für dich ist."

☀ *Wo entdeckst du dich in der Erzählung wieder?* (Ein paar O-Töne)
„Ich bin misstrauisch."

„Ich bin eine Schlange. Ich kann zumindest eine sein."

„Ich bin unglücklich."

„Männer und Frauen – das Verhältnis ist gestört. Überhaupt die Liebe ist gestört, das Vertrauen. Wer meint, die Menschen wären gut, belügt sich selbst."

☀ *Was wäre, wenn es diese Texte nicht gäbe – was würde uns fehlen?* (Ein paar O-Töne)
„Wir würden vielleicht denken, dass wir nicht selber schuld sind. Wir würden alles auf jemand anders schieben. Jetzt wissen wir, dass wir beteiligt sind an dem ganzen Chaos."

„Es ist wichtig, im Neuen Testament zu lesen, dass Jesus uns neu macht: dass die Sünde vergeben wird. Eine neue Schöpfung, stell dir mal vor! Jesus verbessert das Leben nicht nur ein bisschen, er schafft wirklich was Neues!"

Weitere Fragen an Einzelne:

☀ *Doro, du hast gesagt, du hättest heute nichts von Bedeutung getan.*
Doro: „Vielleicht gab es Gelegenheiten, aber ich habe sie nicht wahrgenommen."
Hast du heute gesündigt?
Doro: „Ich denke, ja, ohne dass ich heute eine bedeutende Sünde bewußt gemacht hätte."
Wer nichts tut, macht nichts falsch?
Doro: „Wenn es so einfach wäre ... Vielleicht habe ich heute vor allem das falsch gemacht, dass ich nichts getan habe."

Sünde und Glück – „Ich erlebe Gnade"

Warum hast du nichts Bedeutendes getan?
Doro: „Ich denke, weil ich nicht bedeutend bin."
Es ist also egal, ob du etwas tust, oder nicht. Es macht keinen Unterschied.
Doro: „Ich weiß, dass ich etwas tun könnte."
Wann fängst du damit an?
Doro: „Ich versuche es, ab jetzt. Gebt mir dann doch bitte auch Feedback!"

☀ *Mona, du siehst glücklich und zufrieden aus.*
Mona: „Ja, das bin ich eigentlich auch. Aber ich weiß, dass ich nicht alles richtig mache."
O.K. Glaubst du, Gott ist zufrieden und glücklich, wenn er dich sieht?
Mona: „Gott kann gar nicht zufrieden sein. Ich mache ja Fehler und ich sündige und ich denke vielleicht, dass etwas gut ist, aber dann ist es am Ende schlecht."
Gott hat kein Recht, sich über dich zu freuen?
Mona: „Er hat das Recht, ja. Aber keinen Grund."
Du hast doch gerade erzählt, wie du mit anderen Menschen über Gott gesprochen hast. Das ist doch etwas, das Gott wichtig ist!
Mona: „Ja. Dann habe ich vielleicht doch etwas richtig gemacht. Und vielleicht hat sich Gott auch ein bisschen gefreut."
Man kann also auch etwas richtig machen!
Mona: „Ja. Aber man bleibt dabei sehr begrenzt, sehr menschlich."
Machst du weiter?
Mona: „Ja, unbedingt. Ich mache Fehler und mache weiter und versuche und gebe mein Bestes, und Gott hilft mir. Ich mache weiter, ich habe ja gerade erst angefangen!"
Wie fühlst du dich?
Mona: „Ich bin glücklich."
Ist das erlaubt?
Mona: „Ja. Das ist gut."

☀ *Katrin, wie hat sich Eva an diesem Abend damals im Paradies wohl gefühlt?*
Katrin: „Sie war traurig, müde, erschöpft, enttäuscht von sich selbst. Vielleicht war sie wütend auf Adam, weil er sie nicht abgehalten hatte. Sie fühlte sich alleine und weit weg von Gott."
Und was macht Gott mit ihr?
Katrin: „Er schickt sie weg."
Sie wollte sich verstecken.
Katrin: „Sie will sich verstecken. Ich will mich ganz klein machen, damit mich keiner sieht und keiner mit dem Finger auf mich zeigt. Ich schäme mich."
Woher kommt die Scham?
Katrin: „Es ist das Gefühl, Gott betrogen zu haben. Ein ekeliges Gefühl, wenn ich etwas tue, was er nicht gut findet. Mein Gewissen schlägt."
Und was macht Gott?
Katrin: „Habe ich doch schon gesagt: Er schickt sie weg."
Gott tut noch etwas anderes.
Katrin: „Warte ... Er macht Adam und Eva Schutzkleider."
Hm.
Katrin: „Das ist sehr lieb von ihm."
Gott schützt die Menschen, die sich schämen. Eva möchte sich verkriechen und hat Angst, dass alle auf sie zeigen und sie nackt dasteht. Gott führt sie nicht vor, zerrt sie nicht ins entlarvende Licht. Er zieht ihr erst mal ein Kleid an.
Katrin: „Ich muss weinen. ... Vor Freude. Das ist ein sehr fürsorglicher Gott, der andere nicht bloßstellt. Der sich selbst um die kümmert, die ihm so wehgetan haben."
Wir haben vorhin gesungen „I am trading my shame for the joy of the Lord" (ich tausche meine Scham gegen die Freude Gottes). Ich wünsche dir, dass du dieses Glück erlebst.

Sünde und Glück – *„Ich erlebe Gnade"*

☀ *Kara, was ist Sünde?*
Kara: „Wenn man etwas falsch macht. Anders als Gott es möchte. Die vielen kleinen Sünden sind das eine, und zusammen ergeben sie so eine Gesamteinstellung."
Ist Sünde nur, was man tut? Oder auch, was man sich antun lässt?
Kara: „Oh. Moment. Ja. Beides. Ich sündige durch das, was ich tue und mehr wahrscheinlich durch das, was ich mit mir machen lasse."
Und andere sündigen an dir?
Kara: „Das kann man so nicht sagen."
Warum nicht? Werden sie nicht schuldig an dir?
Kara: „So schlimm ist es nicht."
Tun sie denn, was Gott gut findet?
Kara: „Überhaupt nicht."
Was ist noch mal Sünde?
Kara: „Du meinst, andere werden an mir schuldig? Du meinst, es ist Sünde, wenn andere mich benutzen? Aber ich lasse das doch zu!"
Dann ist wohl beides Sünde.
Kara: „Ich weiß nicht."
O.K. Stell dir vor, jemand benutzt dich für seine Zwecke. Und du lässt das mit dir machen. Was denkt Gott?
Kara: „Er ist sauer auf mich. Und – vielleicht ist er auch sauer auf die anderen."
Und du? Bist du sauer auf die anderen?
Kara: „Ich bin sauer auf mich."
Glaubst du, Gott ist wütend auf die, die dir Unrecht tun?
Kara: „Ein starker Gedanke! Ein Anfang."
Müssen sich die anderen rechtfertigen für das, was sie dir antun?
Kara: „Nicht vor mir."
Vor Gott?
Kara: „Ja. ... Danke."

☀ *Janina, du hast den ganzen Tag nur mitgemacht?*
Janina: „Ich tu nicht viel. Andere tun viel. Und das beeinflusst mich. Ich lass mich mitreißen, aber es sind nicht meine eigenen Ideen, also auch nicht wirklich meine eigenen Taten. Ich stehe schon zu dem, was ich tue, aber ich stecke nicht dahinter. Versteht ihr, was ich meine?"
Hat Adam nur mitgemacht?
Janina: „Ja. Nein. Ich weiß nicht. Er wurde verleitet. Aber auf der anderen Seite hat er sich auch entschieden, von dem Baum zu essen."
Hat Adam das Richtige getan?
Janina: „Nein, hat er nicht."
Hätte er sich anders entscheiden können?
Janina: „Ja. Ja, ich denke, er hätte nein sagen können."
Nein sagen müssen?
Janina: „Ja. Es stimmt, wer mitmacht, macht auch etwas falsch."
Hat Lili nur mitgemacht?
Janina: „Sie hat sich ihre Welt aufgebaut. Und sie hat in einem System mitgemacht – wie wir alle. Einmal, weil sie dieses Schönheitsideal einfach so übernommen hat. Und dann viel weiter auch, weil sie mit ihrem Leben, mit ihrem Hobby und ihrem Spiel andere Menschen ‚ausbeutet', die sie gar nicht kennt."
Schuld geht noch viel weiter als das, was man direkt vor Augen hat.
Janina: „Schuld, Sünde – das ist so ein richtiges Riesenproblem. Das Paradies haben wir verloren."
Was ist mit der Schlange? Schlängelt sie sich in deine Gedanken?
Janina: „Ich möchte, dass wir alle beten, dass wir nicht diesen schlängelnden Gedanken folgen, sondern den guten Worten von Jesus vertrauen. Wollen wir das füreinander tun?"

Abschluss

Jesus war eine ganze Zeit lang weg gewesen, genau für 40 Tage. Was er wohl erlebt hatte? Er sah jetzt anders aus. Irgendwie göttlicher. Und gleichzeitig noch menschlicher. Kurz vorher hatte er noch den größten Triumph erlebt, die absolute Bestätigung. Am Wasser. Johannes, sein Cousin, der Radikale, hatte ihn getauft. Und Gott hatte in mit lauter Stimme berufen und bestimmt! Die göttliche Beglaubigung, was für ein Erlebnis für den Jungen.

Und dann war er plötzlich verschwunden. Auf und davon. Wo war er denn gewesen? Und was hatte er erlebt? Man munkelte, er war in der Wüste. Nach dem Wasser die Wüste. Nach der Bestätigung – die Versuchung. Aber er wirkte jetzt noch stärker.

In der Wüste hatte sich Jesus an einen trockenen Baum gelehnt. Und ganz allmählich hatten sich dunkle Gedanken herunter in sein Herz geschlängelt. Die Schattenseite. Er sah ihr ins Gesicht. Die Macht war verlockend. Der Triumph. Die Befriedigung aller Eitelkeit. Genugtuung. Einfluss. Aber er traf eine Entscheidung und riss sich los. Und die Schlange verschwand. Und er wusste jetzt: „Ich bin auf ewig verbunden mit Gott. Ich will, was er will. Ich liebe, was Gott liebt. Er ist mein größtes Glück." Und er verließ diesen Ort und wandte sich dem Leben zu.

Nach der Erfahrung in der Wüste war sein Heimweh noch größer als vorher. Aber auch sein Mitgefühl für die Menschen. Er sah jetzt die Wüste in ihren Herzen, diese trockene, öde Angst. Und er sah, wie ihre Wünsche und heimlichen Sehnsüchte an ihnen zogen und zerrten. Und er liebte sie noch mehr als vorher. Er verstand sie jetzt total. Es konnte losgehen. (Lk 4)

Verabredung

Gibt es eine Entscheidung, die ihr treffen wollt? Etwas, das anders werden soll in eurem Denken oder eurem Handeln? Braucht ihr dafür Unterstützung?

Doro: „Ich weiß, dass ich etwas tun kann.
Ich will nicht denken, dass ich unwichtig bin.
Ich kann etwas sagen, widersprechen, aufstehen,
für andere da sein. Ich kann etwas ändern.
Ich kann Menschen etwas vom Glück zeigen."

(Ein paar O-Töne)

Janina: „Ja. Ich möchte, dass wir alle beten, dass wir nicht den schlängelnden Gedanken folgen, diesem Misstrauen gegen Gott. Sondern, dass unser Vertrauen zu Jesus wächst."

Mona: „Ich möchte mir vorstellen, wie Gott sich manchmal über mich freut. Der Gedanke berührt mich und macht mich sehr, sehr glücklich."

Kara: „Ich will mich ernst nehmen und will ernst nehmen, was andere tun. Ich will Sünde nicht runterspielen."

Katrin: „Ich stelle mir vor, wie Gott Eva einen Mantel umhängt. Wie sagen wir immer? ‚Ich bin in Gnade eingehüllt!' Das stimmt. Und: Ich möchte an dem Mantel mitstricken ..."

Sünde und Glück – „Ich erlebe Gnade"

Gebet zum Schluss

Unter deinem Himmel,
im Licht deiner Liebe,
unter der Sonne und tausend Sternen,
unter dem Regenbogen
und den vielen Zeichen deiner Treue,
in der Gemeinschaft vieler Farben deiner Kinder
feiern wir deine Schöpfung,
dein Leben, deinen Tod und deine Auferstehung,
dein Interesse an uns, deine Gnade
und das große Wunder
der Vergebung unserer Schuld,
das Glück, ganz in dir zu leben.

Wir bitten dich,
schaffe neues Leben durch uns.
Befreie uns von der Feigheit, die Wahrheit nicht sehen zu wollen.
Befreie uns von der Bequemlichkeit, uns mit halben Wahrheiten zufrieden zu geben.
Befreie uns von dem Hochmut, der meint, die ganze Wahrheit zu kennen.

Wir bitten dich, schaffe neues Leben,
wo Menschen hartherzig sind, ohnmächtig und lieblos.
Wir danken dir für deine Großzügigkeit,
für deinen warmen Mantel der Gnade,
für dein ewiges Herz
voller Glückseligkeit für uns. Amen.

Als Segensgruß sprechen wir einander zu: „Geh unter der Gnade!"

Dritter Abend

Wut, Angst und Vertrauen

„Meine Angst ist nicht das Wichtigste"

Dieser Abend hat zwei beunruhigende Geschichten zum Thema. Gott, der zornig ist, und Jesus, der schläft. Ziel ist, die eigenen beunruhigenden Gefühle wahrzunehmen, zuzulassen und sie mit Gott zu verbinden. Zu entdecken, dass es beim Beten kein Sprechverbot gibt.
Gott wird beunruhigend leidenschaftlich beschrieben und doch als derjenige, der sich freiwillig für Gnade entscheidet. Er hat allen Grund zum Zorn und beschließt, sich nicht zu vergessen, sich für immer zu erinnern. Schön wäre es, den Regenbogen nicht als romantisches Symbol, sondern als heiliges Erinnerungszeichen zu entdecken.
Jesus schläft während der Sturmstillung. Das muss weder erklärt noch gar verteidigt werden; gut, wenn die Mädchen sich mit den aufgewühlten Jüngern solidarisieren und ihr eigenes Unverständnis formulieren gegenüber einem Gott, der manchmal so abwesend scheint.

Gut, wenn der Abend dazu helfen kann, ehrlicher sich selbst gegenüber zu sein und ehrlicher Gott gegenüberzutreten.

Lied: Führe mein Innerstes zur Ruhe

Führe mein Innerstes zur Ruhe,
stelle du Frieden in mir her,
löse die Ängste, die mich zuschnürn,
stille das aufgewühlte Meer.

Seit Tagen tobt ein Sturm,
Wellen schlagen hoch,
sie rauben mir Hoffnung und die Sicht nach vorn,
sodass Furcht in mir wohnt.

Führe mein Innerstes zur Ruhe,
stelle du Frieden in mir her,
löse die Ängste, die mich zuschnürn,
stille das aufgewühlte Meer.

Orkan in meinem Kopf,
alles kreist umher,
doch ich glaube daran,
dass Wind und Wellen stets auf dich hörn,
sprich zu mir!

Führe mein Innerstes zur Ruhe,
stelle du Frieden in mir her,
löse die Ängste, die mich zuschnürn,
stille das aufgewühlte Meer.
Finde deine Heimat tief in mir,
ich lass mich los und geb mich dir.

Text und Musik: Andreas Volz, c+p asaph musik
(Hören von der CD „In mir", von Andreas Volz, Aspah-Music)

Sharing-Frage

☀ *Sturm? Flaute? Windstille? Orkan? Wellengang? Langeweile? Angst? Frieden? – Wie geht es dir?*
Kara: „Ich bin ein Wirbelwind."

(Ein paar O-Töne)

Milena: „Ich würde gerne mal eine Pause im ruhigen Hafen machen, aber das scheint nicht zu gelingen. Immer ist irgendwas Neues, ich habe keinen festen Boden unter den Füßen. Ich schwimme, ich treibe auf den Wellen. Ich bin unruhig."

Julia: „Ich segele. Es ist nicht ruhig, aber Sturm ist auch grade keiner in Sicht. Der Wind treibt mich nach vorne. Ich bin o.k., ausgeglichen."

Katrin: „Also ruhig ist es auf keinen Fall. Aber Sturm? Ich weiß nicht. Es wechselt. Jeden Moment ist es wieder anders. Ich kann mich nicht festlegen. Mal ängstlich, mal genervt, mal auch gelangweilt."

Marie: „Ich erlebe gerade Sturm auf hoher See."

Text

Die Geschichte von der Sintflut wird mit eigenen Worten nacherzählt, anschließend wird die Geschichte von der Sturmstillung miteinander gelesen (Markus 4, 35-41).
Wer die Sintflutgeschichte ebenfalls lesen will, sollte sich auf eine Kapitel- und Versauswahl beschränken, z.B.: Genesis (1. Mose) Kapitel 6, V. 5-8/ Kapitel 7, V. 1 und V. 10-16/ Kapitel 8, V. 1-3 und V. 21-22 und Kapitel 9, V. 12-16.

Gott war zornig und enttäuscht von den Menschen. Es tat ihm weh, wie sie lebten. Er sah die Ungerechtigkeit und das

Leid, das sie über die Erde brachten, er hörte jeden Tag Streit und er fühlte ihren Schmerz, jeder Schrei schrie zum Himmel. Er wurde zornig. Er sah den Krieg, den Hunger, Gewalt in den Häusern und zwischen ganzen Völkern, er spürte den Neid und den Stolz, er vermisste Gemeinschaft und Liebe, Vergebung fehlte ihm und die Achtung der Würde des anderen. Und er bereute, dass er die Menschen gemacht hatte.
Und er ließ es regnen und zerstörte, was er selbst geschaffen hatte. Er beendete die Geschichte. Das Leben, die Lebendigkeit, die Menschen – am Anfang hatte Gott sich danach gesehnt. Er hatte den Menschen geschaffen, um die gute Erde zu teilen. Und jetzt hatte der Mensch das wohl vergessen. Gott war sehr traurig.

Immer wieder klagen die Menschen: "Gott sollte mal eingreifen!" Und sie fragen: "Gott, wo bist du? Willst du das etwa alles mit ansehen? Den Terror und die Gewalt?" Immer wieder wird gebetet, dass Gott seine Macht zeigt. Dass Gott aufsteht zur Vergeltung. Rache übt an den Feinden. Und wer die Feinde sind, bestimmt ich. Wenn Gott seine Macht zeigt, dann um die anderen zu vernichten, und um mich zu retten. Da sagte neulich eine Frau in der U-Bahn: "Gott sollte mal zeigen, wer Herr im Haus ist. Einmal über die Erde fegen und für Ordnung sorgen."
Ja, ich kann ihren Wunsch irgendwie für einen Moment verstehen. Alles in Ordnung zu haben, das wäre schön. Aber: Wer weiß schon so sicher, dass er selbst nicht gleich mit weggefegt würde? Und wer würde wohl bestraft, wenn Gott Ordnung in unsere Weltordnung brächte? Wer würde dann da stehen, wo nicht gefegt wird? Wo ist denn alles in Ordnung? Wer ist gerecht?
"Auch nicht einer", sagte Gott damals. Und er hielt es nicht mehr aus und zerstörte das Leben. Und tat alles, was in seiner Macht stand. Nur an Noah – Gott ist immer gut für eine Ausnahme! –, nur an Noah hatte er Freude. Mit Noah machte er weiter. Und gab ihm ein Versprechen: "Ich will mich erinnern."

Gott will sich nicht vergessen, er will sich erinnern. Und stiftet ein sichtbares Zeichen der Erinnerung. Den Regenbogen. Als Zeichen: Gott will nicht alles tun, was in seiner Macht steht. Er könnte, aber er verzichtet darauf. Gott könnte über die Erde fegen und die Ungerechten bestrafen, aber es würde jeden treffen. Gott will nicht zerstören.

In uralten Bildern werden die Götter als zornige, mächtige, tobende Kriegsgötter dargestellt. Mit Pfeil und Bogen jagen sie über den Himmel. Gott sagte an diesem Tag: „Ich hänge meinen Bogen in die Wolken. Wie ein Krieger seinen Bogen an der Garderobe ablegt, so hänge ich meinen Kriegsbogen in die Wolken. Als Zeichen für alle."

Ist euch das schon mal aufgefallen? Die meisten Menschen ahnen, dass der Regenbogen etwas Besonderes ist. Ich hab eigentlich noch nie erlebt, dass jemand ganz analytisch sagt: „Das ist doch kein Regenbogen, das ist schlicht eine Mischung aus Wasser und Licht, chemisch ganz einfach zu erklären." Die meisten ahnen, das ist ein Zeichen, das noch mehr bedeutet.

Gott wird sich nicht vergessen, für immer und ewig will er sich erinnern. Dass er kein tobender Gott ist. Er besänftigt seinen Zorn mit Liebe und sein Verlangen nach Gerechtigkeit mit Gnade.

Text

Wir lesen Markus 4, 35-41.

Interaktiv-Session

Kurze Einstiegsfragen zum Text:

Welche Bilder, welche Worte bringen dich zum Nachdenken?
„Ich stelle mir eine Welt vor, die versinkt."

„Ich bin hin- und hergerissen zwischen diesem leidenschaftlichen Gott und dem beruhigenden Jesus. Dass die beiden zusammengehören, ist schwer vorstellbar."

Ein paar O-Töne

„Es stimmt, dass der Regenbogen etwas ganz Besonderes ist. Ich habe immer schon gedacht, dass er irgendwie ein Zeichen von Gott ist."

☀ *Was sagt die Bibel hier über Gott?*
„Gott ist es nicht egal, was auf der Erde passiert."

Ein paar O-Töne

„Gott hat Gefühle. Er kann zornig werden. Und er kann Erbarmen haben."

„Gott kann tun, was er will. Er kann alles. Zum Glück tut er nicht alles, was er kann."

☀ *Was wäre, wenn es diese Texte nicht gäbe – was würde uns fehlen?*
„Der Text von der Sintflut ist eine Warnung. Dass Gott mächtig ist und gerecht. Die Geschichte von der Sturmstillung ist mehr eine Einladung, Gott zu vertrauen."

Ein paar O-Töne

„Uns würde ein Text fehlen, der Gott von den Kriegsgöttern abgrenzt. Er will nicht verwechselt werden mit denen, die mit Pfeil und Bogen über den Himmel ziehen. Trotzdem ist er nicht schwach. Er wirkt mit seinem Wort. Damit schafft er Ruhe."

„Gott und sein Wort – das ist wichtig. Gott kann nicht lügen! Niemals. Er tut immer, was er sagt. Er steht zu dem, was er verspricht. Und schon ein paar Sätze bringen den Sturm zur Ruhe."

☀️ *Wo entdeckst du dich in der Erzählung wieder?*   *(Ein paar O-Töne)*

„Ich finde die Mischung der beiden Geschichten gut. Manchmal denke ich, dass Gott pennt. Und wünschte, er würde mehr von seiner Energie zeigen. Jetzt denke ich aber gleichzeitig: Wie gut, dass wir nicht alles abkriegen, was er kann."

„Ich denke, dass ich manchmal am liebsten alles kurz und klein schlagen würde. Wie gut, dass ich nicht Gott bin!"

„Ich fühle mich manchmal alleine, von Gott im Stich gelassen. So als würde er im Boot schlafen, das doch gerade untergeht."

Lyrik (als zusätzlicher Input)

Wellen der Angst
Aufgewühlt bin ich, Herr, hör mein Gebet.
Ich hab Angst, dass das Boot untergeht.
Wer hat den Wind gesät?
Mitten im Sturm kommt die Frage zu spät,
in kalter Zeit, die die Wahrheit verdreht.
Wer ist der wahre Prophet?
Wer hat den Wind gesät?
Ich sehe die Welle, die über uns steht.
Im Meer meiner Fragen entsteht – mein Gebet.
Gott, zeig mir, wie Vertrauen geht.

Was sagst du, Gott?
Erzählst mir alte Geschichten vom Fischerboot?
Am Ende reimt sich nur noch Spott.
Schläfst du, oder bist du tot?

Weitere Fragen an Einzelne:

Ein paar O-Töne

☀ *Katrin, welche der beiden Geschichten wählst du?*
Katrin: „Ich wähle die Sintflutgeschichte, aber nur den Teil mit dem Regenbogen."
Der erste Teil ist zu dunkel?
Katrin: „Wenn Gott so zornig ist, bekomme ich Angst."
Ist sein Zorn gerechtfertigt?
Katrin: „Unbedingt. Gott ist Gott. Er ist gerecht. Er ist heilig."
Und ist der Regenbogen auch gerechtfertigt?
Katrin: „Der Regenbogen ist ein Geschenk. Das war ein Tag der Gnade, als der zum ersten Mal am Himmel erschien."
Gibt es noch mehr solcher Zeichen von Gnade?
Katrin: „Ja. Viele. Die Sonne. Licht. Das Kind in der Krippe. Das Kreuz, zusammen mit dem offenen Grab. Der Himmel überhaupt."
Du kannst dich heute nicht festlegen, ob Sturm herrscht oder nicht. Kann Gott sich festlegen?
Katrin: „Ja. Gott legt sich fest. Aus freien Stücken natürlich. Er gibt uns sein Versprechen. Ich glaube, dass er es nicht brechen wird. Er hält Wort."
Fragst du manchmal nach, ob er da ist?
Katrin: „Ich bete nicht so wie in diesem Gedicht. Ich rede vorsichtiger."
Kannst du Gott alles sagen?
Katrin: „Wenn ich nicht so vorsichtig wäre, würde ich ihm vielleicht noch mehr erzählen oder noch offener sein."
Und wovon erzählen?
Katrin: „Von meinen Ängsten. Meiner Wut."
Waren die Jünger vorsichtig, höflich, zurückhaltend ..., als sie Jesus geweckt haben?
Katrin: „Wahrscheinlich waren sie aufgebracht."
Kannst du dir vorstellen, nach Gott zu schreien?
Katrin: „Ich gehe morgen in den Wald zum beten. Dann probiere ich es mal aus."

Ja?
Katrin: „Ja. Das täte mir, glaube ich, gut."

☀ *Milena, ist keine Ruhe in Sicht?*
Milena: „Alles ist in Aufruhr."
Innerlich? Oder äußerlich? Oder beides?
Milena: „Alles zusammen."
Und was macht Jesus gerade? Schläft er?
Milena: „Ich habe fast den Eindruck. Es heißt ja, dass Gott nie schläft, sondern immer nach uns sieht, aber manchmal fühle ich mich alleine. Ich bin so unruhig. Gott könnte auch zu meinen Wellen sagen, dass sie schweigen sollen."
Hast du Jesus schon geweckt?
Milena: „Oh ... Nein. Ich habe ..."
Nein?
Milena: „Ich habe ihn in Ruhe gelassen. Ich dachte, wenn er nicht will, dann wird er seine Gründe haben."
Wirst du zu ihm gehen und ...
Milena: „... ihn wecken? ... Ähm, schläft er denn wirklich – jetzt, meine ich?"
Ich glaube, er ist der Auferweckte! Keiner ist wacher!
Milena: „Dann könnte ich ja direkt zu ihm gehen."

☀ *Kara, du selbst bist der Wind?*
Kara: „Das habe ich so gesagt, ja. Lustig. Stimmt vielleicht. Ich verursache die meisten Wellen selbst!"
Die Sintflut oder den Sturm?
Kara: „Ich hoffe, nur einen Sturm."
Das ist wohl auch schon lebensgefährlich.
Kara: „Ich unterschätze vielleicht, was passiert, wenn man Wellen macht ..."
Was tut Jesus?
Kara: „Ich hoffe, er passt auf mich auf."
Du vertraust ihm, dass er immer da ist?

Kara: „Ich habe nie eine bessere Erfahrung gemacht, als Jesus zu vertrauen. Das ist für mich das Allergrößte. Ich möchte nie wieder ohne diese Sicherheit leben."

☀️ *Julia, du segelst.*
Julia: „Ja, ich segle so durch mein Leben."
Auf einem Dorftümpel oder einem Weltmeer?
Julia: „Weltmeer hört sich gut an."
Aber da tobt der Orkan. Ruhiges Segeln hört sich eher nach Tümpel an.
Julia: „Wo tobt der Orkan?"
In dieser Welt.
Julia: „Hm. Das krieg ich nicht so mit."
Kriegt Gott es mit?
Julia: „Ja. Aber es gibt Wichtigeres."
Was ist wichtiger?
Julia: „Predigen zum Beispiel. Deshalb hat Jesus auch geschlafen. Er musste sich ausruhen für seine nächsten Aufgaben."
Also ist es Gott egal, wenn das Boot kentert.
Julia: „Es wäre nicht gekentert. Jesus war ja da. Aber die Leute machen so viel Ärger wegen ein paar Wellen."
Du wärst ruhig geblieben?
Julia: „Ich denke schon. Gott schenkt mir Ruhe."
Darf ich dir ein bisschen Unruhe wünschen?
Julia: „Unruhe von Gott?"
Von Gott für diese Welt.
Julia: „Das wäre etwas sehr Neues für mich. Ähm. Woran denkst du? An Indien? Afrika? Krieg? Armut?"
An alles, was nach Hilfe schreit, wir müssen gar nicht so weit weggehen.
Julia: „Ja. Kein Interesse zu haben, wäre wohl nicht gut."

☀ *Marie, was ist der Sturm?*
Marie: „Ich bin das Gegenteil von Julia. Die Welt bringt mich auf die Palme. Ich bin auf 180, die ganze Zeit. Ich kann keine Nachrichten gucken ... der Krieg, die Politiker, das macht mich fertig."
Du hast vorhin gesagt: „Gut, dass ich nicht Gott bin."
Marie: „Ja. Ich könnte verstehen, wenn er maßlos wütend wäre und am liebsten zuschlagen würde."
Und Jesus?
Marie: „Ich stelle mir das so vor, dass er die ganze Wut abbekommt. Am Kreuz. Aber das erscheint mir immer auch unfair. Er ist Friede. Er liebt. Er macht niemand kaputt."
Kann Jesus für dich Friede sein?
Marie: „Ich kann mich nicht beruhigen."
Ob Jesus dich beruhigen kann?
Marie: „Das ist ungefähr so gut möglich, wie dass ein Sturm, der gerade noch getobt hat, auf ein Mal ruhig ist. Also ja, bei Jesus ist es möglich."
Darf ich dir Ruhe wünschen? Frieden?
Marie: „Ja. Danke."
Ich wünsche dir noch was: dass du keinen kurzen Sturm fabrizierst, sondern eine Welle losrollst!
Marie: „Danke."

Abschluss

Jesus, wach auf! Schlaf doch nicht!
Vorbei der Mittagsschlaf. Es ist kurz vor zwölf!
Wirklich Zeit, aufzustehn!
Deine Macht zu sehn. Den Wind zu drehn!
Sprich so, dass wir's verstehn!
Gib ein Zeichen, das wir nicht übersehn!
Ein Wunder, denk ich, ein Wunder wäre schön!

Da – ich dachte noch immer, du schläfst.
Du rührst dich ja nicht.
Da stehst du vor mir.
Ich wollte dich wachrütteln:
Du bist der Auferweckte selbst.
Ich meinte, ich müsste dich wecken.
Du bist die Auferstehung und das Leben.
Jesus, du lebst!

Und es bleibt nur eine Frage.
Aber die stellst diesmal du:
Warum fürchtet ihr euch?
Warum habt ihr solche Angst?
Ich bin da, der Lebendige.
Herr über Wind und Wellen,
Herr deines Lebens.
Fürchte dich nicht!

Verabredung

Gibt es eine Entscheidung, die ihr treffen wollt? Etwas, das anders werden soll in eurem Denken oder eurem Handeln? Braucht ihr dafür Unterstützung?

Julia: „Ich kaufe mir eine Zeitung. Und ich werde sie lesen. Und dann werde ich beten und dieses Gebet wird anders sein."

Ein paar O-Töne

Kara: „Ich könnte meine Energie nutzen, um anderen davon zu erzählen, warum ich Jesus vertraue."
Könnte?
Kara: „Ich werde es versuchen. Ich berichte euch beim nächsten Mal!"

Milena: „Ich möchte beten. Und damit rechnen, dass Jesus lebendig, hellwach und aufmerksam ist."

Katrin: „Wie gesagt. Ich gehe morgen in den Wald. Und dann bete ich und schreie Gott meine ganze Wut entgegen."

Marie: „Ich will von Jesus lernen. Nicht um mich schlagen. Rausfinden, was das Richtige ist. Was ich tun kann."

Julia: „Ich wünsche uns beiden, dass wir einen Regenbogen sehen!"

Segensgebet zum Schluss

In jeder Nacht, die mich umfängt,
darf ich in deine Arme fallen,
und du, der nichts als Liebe denkt,
wachst über mir, wachst über allen.

Jochen Klepper

Vierter Abend

Schönheit, Liebe und Gemeinschaft

„Ich gehöre dazu!"

Ursprünglich war der Abend mit der Zuspitzung auf das Thema Gemeinschaft geplant. Der Opener erzählt davon, wie eine Außenseiterin in die Klassengemeinschaft aufgenommen wird. Die biblische Erzählung von der Salbung Jesu stellt ebenfalls eine Außenseiterin vor, die von Jesus geheilt und angenommen wird. Die Lebensgeschichten der Mädchen und der „Beruf" der salbenden Sünderin brachten das Thema Liebe, Beziehungen und Zärtlichkeit mit ins Gespräch. Mit beiden Themen verbunden wurde das Thema Schönheit, Oberflächlichkeit, äußere Erscheinung (wohl auch durch das Lied am Anfang). Natürlich hätte jedes dieser drei Themen, Gemeinschaft, Liebe und Schönheit, einen (oder mehrere) eigene Abende verdient. Manches konnte so nur angerissen werden, es ergaben sich aber auch interessante Gedankensprünge, Querverbindungen und Konsequenzen.

Opener

Vanessa war eine Außenseiterin. Ihr ganzes Leben lang wusste sie schon, dass sie anders war als die anderen. Und dieses Gefühl und diese Gewissheit machten ihr natürlich sehr zu schaffen. Sie hatte eine Hasenscharte, eine komisch geformte Lippe und eine etwas schiefe Nase. Noch dazu war sie auf einem Ohr fast taub. Die anderen lachten über sie, und sie konnte oft nicht einmal verstehen, was sie sagten. Wenn sie so gehänselt wurde, konnte sie sich selbst nicht mehr leiden. Ja, irgendwann war sie davon überzeugt, dass niemand sie jemals richtig lieben würde. Niemand in ihrer Familie, denn sie hatte immer den Eindruck, als würden sich alle für sie schämen und sie am liebsten verstecken. Und erst recht niemand in ihrer Schule.

Aber dann kam das achte Schuljahr, und alles sollte sich ändern. Frau Weber kam als neue Lehrerin in Vanessas Klasse. Sie war sehr beliebt, weil sie so fair war. Vanessa mochte Frau Weber, blieb aber trotzdem vorsichtig. Und wurde dann auch gleich ein paar Wochen nach Schuljahrsbeginn richtig geschockt.

Frau Weber kündigte am Morgen an, dass sie einen Hörtest mit der Klasse machen wollte, einen Flüstertest. Jeder Schüler und jede Schülerin sollten nach vorne kommen und, wenn die Lehrerin einen Satz geflüstert hatte, diesen laut vor der ganzen Klasse wiederholen. Auch Vanessa musste natürlich mitmachen, und sie wäre am liebsten weggelaufen. Ängstlich beobachtete sie die anderen und wartete darauf, dass sie an die Reihe kam. Dann wurde sie aufgerufen. Vanessa gab sich alle Mühe zu verstehen, was Frau Weber sagte, aber sie konnte es beim besten Willen nicht. Frau Weber wiederholte den kurzen Satz, und Vanessa beobachtete ihren Mund, aber sie verstand nicht. Sollte sie einfach raten? ... und so etwas sagen wie „Die Sonne scheint" oder „Der Himmel ist blau"? Aber Vanessa merkte, dass Frau Weber etwas anderes sagte. Drei Wörter.

Da drehte sich Frau Weber zur Klasse hin und forderte die

ganze Gruppe auf, laut auszusprechen, was sie Vanessa zugeflüstert hatte. Und alle zusammen sagten im Chor: „Du gehörst dazu!" Für Vanessa war das ein heiliger Moment. Später sagte sie, Gott habe wohl Frau Weber diese drei Wörter geschenkt, denn die hatten ihr Leben verändert.

Lied: Mein Kind

Mein Kind, aus Liebe sehe ich nicht,
was hässlich an dir sein soll,
kein Sand im Getriebe, kein Schatten im Licht,
für mich bist du einfach wertvoll.
Dein eigener Zweifel an deinem Wert
entspricht nicht der Wirklichkeit.
Deine Würde zu achten ist nicht verkehrt,
in dir steckt meine Herrlichkeit.

Ich seh deinen Wert, dein wirkliches Wesen.
Das, was dich ehrt, kann ich in dir lesen.
Ich kenne dein Herz, was auch geschieht.
Ich bin der Herr, der dich sieht.

Nicht, dass du über den anderen stehst,
du bist von Natur aus schwach.
Doch gab ich mein Leben, damit du lebst.
Ich trug dein Versagen, deine Schmach.
Das Dunkel wird durch mich zum hellen Licht
– erhebe dich aus dem Staub
und leb dein Leben in Zuversicht,
weil ich an deine Bedeutung glaub!

Ich seh deinen Wert, dein wirkliches Wesen.
Das, was dich ehrt, kann ich in dir lesen.
Ich kenne dein Herz, was auch geschieht,
ich bin der Herr, der dich sieht.

Ich hab dich in meine Hände gezeichnet,
dein Leben ist stets vor mir.
Ich hab jedes Haar auf deinem Haupt gezählt
und weiß wirklich alles von dir.

(zu singen mit Gitarre; Noten in „In love with Jesus 2", Projektion J, Gerth
oder zu hören von CD, Christival Gebets-CD)
Text und Musik: Martin Pepper, © 2000 mc-peppersongs, Berlin

Sharing-Frage

☀ *Was ist liebenswert an dir – heute?*
Juliane: „Ich mag mein Lachen. Ich bin offen
und habe wenig Angst, auf Menschen
zuzugehen. Manchmal finde ich mich
allerdings auch gar nicht liebenswert.
Heute war soweit o.k."

Annika: „Mir fällt nichts ein."

Ein paar O-Töne

☀ *Fällt irgendjemand anderem etwas ein?*
„Du bist ausgesprochen hübsch."

„Sehr charmant."

„Du bist fein, innerlich und äußerlich."

„Du bist sanft. Du kannst trösten."

Ein paar O-Töne

☀ *Stimmt das, was die anderen sagen?*
Annika: „Es fällt mir schwer, das so über mich
zu sagen. Aber ich freue mich, dass andere mich
so sehen."

Stephi: „Ich sehe in jeder von uns eine Perle. Wir sind wertvoll, einfach, weil wir geliebt sind, weil wir kostbar sind in den Augen des Betrachters, im Herzen Gottes."

Teresa: „Mein Freund und ich haben uns diese Woche getrennt. Es ist ein komisches Gefühl. Später vielleicht mehr dazu."

Text

Wir lesen die Geschichte von der Salbung Jesu nach Lukas 7, 36-50.

Kurze Einstiegsfragen zum Text:

Worum geht es eigentlich, und warum war es wichtig, das aufzuschreiben? (Ein paar O-Töne)
„Es war wichtig, zu zeigen, dass Jesus Sünden vergibt. Und dass er jeden Menschen annimmt, dass jeder zu ihm kommen kann."

„Es ist, als ob Jesus Gedanken lesen kann. Ich stelle mir vor, wie die Frau am Rand des Zimmers stand und sich nicht traute, zu Jesus zu gehen. Und wie Jesus sie durch irgendeine Geste ermutigt hat."

„Kein Mensch ist gerecht, heilig und gut. Wir sollen nicht urteilen über andere. Aber das passiert sehr schnell."

„Ich stelle andere schnell in eine Ecke. Manchmal habe ich sie nur sehr oberflächlich kennen gelernt. Aber ich habe sie trotzdem aussortiert."

☀️ *Welche Bilder, welche Worte bringen dich zum Nachdenken?*

Ein paar O-Töne

„Wem viel vergeben ist, der liebt auch viel. Das ist ein starker Satz."

„Ich habe das Bild vor Augen, wie den Männern am Tisch der Atem stehen bleibt, wie sie es einfach nicht fassen können."

☀️ *Was sagt die Bibel hier über den Menschen und über sein Verhältnis zu Gott?*

Ein paar O-Töne

„Du kannst gar nicht so viel sündigen, dass Jesus dich nicht mehr liebt."

„Jeder kann kommen. Jede. So wie sie ist. Jesus vergibt alles."

„Die Menschen sind schnell selbstgerecht. Gott ist gerecht. Jesus ist die Liebe, der bringt die Menschen und Gott beide zusammen."

☀️ *Wo entdeckst du dich in der Erzählung wieder?*

Ein paar O-Töne

„Ich identifiziere mich mit der Frau. Ich stelle sie mir zurückhaltend vor und sehr zärtlich. Meine Beziehung zu Jesus ist sehr liebevoll. Er ist sehr liebevoll zu mir."

„Ich urteile schnell. Ich schreibe andere ab oder gebe sie auf, wenn sie mir komisch kommen. Dafür habe ich mein ganz eigenes System im Kopf: Wer gehört dazu, wer nicht, wem vertraue ich, wem besser nicht."

„Ich versuche mir vorzustellen, wie es Jesus ging. Wie er sich über die Sitten hinwegsetzt, um jemand in die Gemeinschaft zu holen. Wer sich um eine Außenseiterin kümmert, riskiert, selbst zu einer gemacht zu werden. Da überlege ich mir drei Mal, ob ich es tue."

Interaktiv-Session

Ich bitte euch, die Geschichte jetzt einmal nachzuspielen. Sucht euch eine Rolle aus. Wer ist beteiligt? Jesus, seine Jünger, der Gastgeber, andere Gäste, die zu den Pharisäern gehören, und die Frau. Ich werde den Text ganz langsam lesen und bitte euch, den Text, der zwischen den Zeilen steht, zum Sprechen zu bringen. Und zwar:
Lukas 7,36-50 nach der Übersetzung „Hoffnung für alle":
Einmal wurde Jesus von einem Pharisäer zum Essen eingeladen. Er ging in das Haus des Pharisäers und setzte sich an den Tisch.

Jünger: „Hallo! Wir freuen uns, dass wir hier sein können."
Jesus: „Vielen Dank für die Einladung! Das wird sicher ein anregendes Gespräch. Worüber wollen wir denn reden?"
Simon: „Ich habe da einen Fragezettel vorbereitet, etwa 27 Fragen zur Auslegung der Gebote und zum Doppelgebot der Liebe, das ich noch nie richtig verstanden habe."
Jünger: „Sie sind sehr gastfreundlich. Es riecht auch schon sehr lecker."

(Ein paar O-Töne)

Da kam eine Prostituierte herein, die in dieser Stadt lebte. Sie hatte erfahren, dass Jesus bei Simon eingeladen war. In ihrer Hand trug sie ein Glas mit wertvollem Öl.

Jünger: „Guckt mal, wer da ist. Was will die denn hier? Dass die sich überhaupt hierher traut."
Simon: „Wer hat diese Frau um diese Uhrzeit in mein Haus gelassen? Sie kommt doch sonst immer abends."
Gäste: „Jesus wird sie sicher gleich wieder wegschicken, damit wir unser Gespräch fortsetzen können."
Jünger: „Jetzt könnte es auch peinlich werden. Jesus hat ja so einen Hang dazu, sich mit Außenseitern zu beschäftigen. Wenn das mal nicht daneben geht."

(Ein paar O-Töne)

Die Frau ging zu Jesus, kniete bei ihm nieder und weinte so sehr, dass seine Füße von ihren Tränen nass wurden. Mit ihrem Haar trocknete sie die Füße, küsste sie und goss das Öl darüber.

(Es passierte nichts; niemand schlüpfte in die Rolle der Frau. Nach einer Weile wurde weitergelesen.)
Der Pharisäer hatte das alles beobachtet und dachte: „Wenn dieser Mann wirklich ein Prophet Gottes wäre, müsste er doch wissen, was das für eine Frau ist!"

Ein paar O-Töne

Simon: „Jesus weiß mit Sicherheit, wer das ist. Was er jetzt wohl über mich denkt?! Was wird er wohl als Nächstes tun? Ist das alles unangenehm! So hatte ich mir mein Treffen mit Jesus nun wirklich nicht vorgestellt. Was für eine ärgerliche Unterbrechung."
„Simon, ich will dir etwas erzählen", unterbrach ihn Jesus in seinen Gedanken. „Ja, ich höre zu, Meister", antwortete Simon.

Ein paar O-Töne

Jesus: „Ich erzähle ja gerne Geschichten. Die hier ist extra für dich. Hör gut zu! Dann kannst du etwas fürs Leben lernen und für die Ewigkeit. Du willst doch gerne etwas lernen, oder?"
Simon: „Ich bin schon ganz neugierig. Ich habe gehört, dass du immer sehr anregende Geschichten erzählst, teilweise etwas provozierend, aber lass hören! Wir können anschließend ja darüber diskutieren."
*„Ein reicher Mann hatte zwei Leuten Geld geliehen. Der eine Mann schuldete ihm fünfhundert Silberstücke, der andere fünfzig. Weil sie aber zum festgesetzten Termin das Geld nicht zurückzahlen konnten, schenkte er es beiden. Welcher der beiden Männer wird ihm nun am meisten dankbar sein?"
„Bestimmt der, dem er die größte Schuld erlassen hat", antwortete Simon. „Du hast Recht!", bestätigte ihm Jesus.*

Simon: „Das war aber eine einfache Geschichte."
Jünger: „Das ist meistens so bei seinen Geschichten. Sie sind nicht schwer zu verstehen. Es ist recht leicht zu kapieren, was er meint. Anstrengend wird es immer erst, wenn man das dann leben will. Keiner weicht Jesus aus, weil er zu kompliziert ist, man weicht ihm aus, weil er unbequem ist."
Simon: „Ich verstehe gar nicht, was das mit meinem Leben zu tun hat."
Dann blickte er (Jesus) die Frau an und sagte: „Sieh diese Frau, Simon! Ich kam in dein Haus, und du hast mir kein Wasser für meine Füße gegeben, was doch sonst selbstverständlich ist. Aber sie hat meine Füße mit ihren Tränen gewaschen und mit ihrem Haar getrocknet. Du hast mich nicht mit einem Bruderkuss begrüßt. Aber diese Frau hat immer wieder meine Füße geküsst. Du hast meine Stirn nicht mit Öl gesalbt, während sie dieses kostbare Öl sogar über meine Füße gegossen hat."

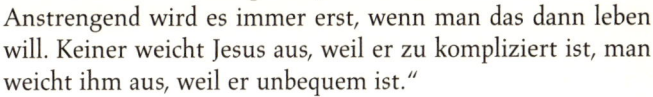

(Ein paar O-Töne)

Simon: „Ich kann nur sagen, dass ich es absolut unangemessen finde, wie diese Frau sich verhält. Ich wüsste nicht, was mich dazu bringen könnte, mich jemals so gehen zu lassen. Ich jedenfalls habe noch nichts erlebt, das mir erlauben würde, so sehr die Kontrolle zu verlieren. Was wohl könnte mich dazu treiben, so eine Liebe zu zeigen?"

(Ein paar O-Töne)

*„Ich sage dir: Ihre große Schuld ist ihr vergeben; sonst hätte sie mir nicht so viel Liebe zeigen können. Wem wenig vergeben wird, der liebt auch wenig."
Zu der Frau sagte Jesus: „Deine Sünden sind dir vergeben."*

(Immer noch schlüpfte niemand in die Rolle der Frau. Nach einer Weile wurde weitergelesen.)
Da tuschelten die anderen Gäste untereinander: „Was ist das nur für ein Mensch! Kann der denn Sünden vergeben?"

Schönheit, Liebe und Gemeinschaft – „Ich gehöre dazu!"

Gäste: „Das wird ja immer doller! Wer ist das eigentlich genau? Er wirkt doch wie ein Gelehrter, ein Rabbi. Was für eine Anmaßung! Gotteslästerung! Simon, was soll das?"

Ein paar O-Töne

Jesus sagte noch einmal zu der Frau: „Dein Glaube hat dich gerettet! Geh in Frieden."
Jesus: „Du gehörst dazu! Zu mir. Bis in Ewigkeit! Wir sehen uns!"
Jünger: „Wir sollten jetzt besser auch gehen. Schade um den Nachtisch."
„Ach, lasst uns noch eine Weile bleiben. Was jetzt kommt, wird sicher spannend."
„Ob der gute Simon wohl noch die Kontrolle verliert?"

Was anschließend passierte:
Spontan sagten einige der Mädchen: „Lass es uns nochmal spielen!" – „Wiederhol den Text bitte noch einmal." Und: „Jetzt weiß ich, wie ich die Frau spielen würde." Und: „Ja, jetzt ist es mir klar. Jetzt geht es." Und nochmals: „Wiederhol es einfach."
Und ich sagte spontan: „Jetzt ist Jesus weg. Er ist gegangen. Er musste weiter. Chance vorbei."
Wir waren alle überrascht und geschockt.

Ein paar O-Töne

Stephi: „Du kannst die Gelegenheit verpassen."

Juliane: „Es hat sie Überwindung gekostet, aufzustehen, zu Jesus zu gehen und ihn anzusprechen. Sie hat sich etwas getraut."

Annika: „Sie hat sich sicherlich, genau wie ich, ihre Worte oft überlegt, sie im Kopf hin- und hergeschoben. Und dann hat sie sich einen Ruck gegeben. Alle haben sie angeguckt. Und sie ist trotzdem gegangen."

Teresa: „So kann es gehen. Schluss, Ende, aus. Manchmal deutet es sich lange an, manchmal kommt es plötzlich und überraschend.

Weitere Fragen an Einzelne:

☀ *Juliane, du hast dir die Rolle von Jesus ausgesucht. Warum?*

(Ein paar O-Töne)

Juliane: „Kein anderer wollte die Rolle spielen. Ich fand aber wichtig, dass er vorkommt."
Geht dir das öfter so? Dass du die Rolle von Jesus übernimmst, weil du denkst, er sollte unbedingt vorkommen?
Juliane: „Ja, das könnte man so sagen. Ich frage mich, was Jesus tun würde und versuche, es zu tun."
Wenn du es nicht tun würdest?
Juliane: „Würde Jesus irgendwie fehlen. Würde keiner in seinem Namen sprechen."
Was ist mit den anderen? Was hast du beobachtet?
Juliane: „Am liebsten wollten alle Jünger sein. Vielleicht auch, weil es einfacher ist, mit mehreren zusammen zu sein. Einige wollten die Frau spielen, aber sie haben dann doch nichts gespielt, nichts gesagt. Aber die Geschichte ist ja auch so weitergegangen."
Die Geschichte ist auch so weitergangen?
Juliane: „Na ja. Für die Frau ist sie damals natürlich anders weitergegangen. Das war der entscheidende Schritt: aus ihrer Rolle am Rand heraus, in die Mitte des Zimmers, in die Nähe von Jesus."
Du hast deine Rolle so gespielt, dass du zufrieden warst?
Juliane: „Bei einem zweiten Durchgang würden mir vielleicht noch andere Ideen kommen. Aber eigentlich war es ganz o.k."
Das ist jetzt das zweite Mal heute, dass es „so ganz o.k." ist. Ist noch mehr möglich?
Juliane: „Unbedingt! Ich traue mich, ich mache weiter, ich riskiere etwas und mache meine Erfahrungen – gute und schlechte, und es geht weiter."

Schönheit, Liebe und Gemeinschaft – *„Ich gehöre dazu!"*

Und Jesus?
Juliane: „Ist nicht weg! Er ist da und freut sich immer, wenn ich einen weiteren Schritt auf ihn zu mache."

☼ *Teresa, was möchtest du erzählen?*
Teresa: „Mein Freund und ich – das war nichts. Es war nicht die große Liebe. Ich weiß, dass das nicht o.k. ist, aber ohne Freund kann ich es mir kaum vorstellen. Ich habe Angst, dass ich mir wieder so eine Beziehung suche. Es fällt mir schwer, das so zu sagen, weil ich weiß, dass die meisten von euch sehr hohe Maßstäbe an Beziehungen anlegen."
Und was sagst du zum Thema des Abends?
Teresa: „Passt. Leider. Nur, dass ich mich mit der so genannten Dirne zusammentun muss."
Du musst?
Teresa: „Hm."
Warum tut sie, was sie tut?
Teresa: „Ich kenne ihre Geschichte nicht, aber ich könnte mir vorstellen, dass sie vielleicht nicht freiwillig diesen Beruf gewählt hat, sondern weil es ihr als einzige Möglichkeit erschien. Und als sie einmal angefangen hatte, war es schwer, aufzuhören."
Sie war irgendwie abhängig?
Teresa: „Ja. Ich kann mir nicht vorstellen, alleine zu sein, ohne Freund. Ich brauche diese ‚starke Schulter'."
Ist das Liebe?
Teresa: „Nein."
Warum bist du so streng mit dir? Ist es nicht eine Art von Liebe?
Teresa: „Ja, das vielleicht. Danke, dass du es nicht schlecht machst."
Du machst es schon schlecht.
Teresa: „Ich weiß, dass es billig ist."
Und für etwas Teures fehlt dir – was?
Teresa: „Die Geduld. Auszuhalten, auf den Richtigen zu warten."

Können wir etwas für dich tun?
Teresa: „Mir sagen, wie ihr das macht. Woher eure Maßstäbe kommen. Wie du deinen Mann gefunden hast. Wie du es schaffst, treu zu bleiben."
Kann Gott etwas tun?
Teresa: „Ich weiß, dass er mir hilft. Aber es ist wie in der Geschichte: Ich muss eine Entscheidung treffen, auf ihn zuzugehen."
Das war nicht das erste Treffen zwischen dieser Frau und Jesus! Sie kannten sich schon. Und die Frau hatte erlebt, dass Jesus ihr hilft und ihr vergibt.
Teresa: „Oh. Das ist gut. Dann ist das der erste Schritt. Ich werde Jesus um Vergebung bitten."
Und dann dir selbst vergeben. Deine Schuld gehört dann nicht mehr dir!
Teresa: „Gott sieht alles."
Hm?
Teresa: „Man sagt doch, dass Gott alles sieht. Das ist auch gar nicht so schlimm. Aber die Menschen gucken auch und kriegen alles mit. Das ist so gnadenlos."
Gott hat uns Augen gegeben, damit wir sehen. Und die Augenlider sind aber auch seine Idee!
Teresa: „Beide Augen zudrücken? Das hört sich jetzt für mich mal an ... wie Gnade."

Annika, was war los?
Annika: „Ich wollte die Frau spielen. Sie passt zu mir. Aber ich habe mich nicht getraut."
Warum nicht? Was hätte denn passieren können?
Annika: „Ich hätte was falsch machen können. Die falschen Worte benutzen, oder so."
Und jetzt hast du es richtig gemacht?
Annika: „Jetzt habe ich es verpasst."
Und wie ging es damals der Frau wohl? Hat sie auch Angst gehabt, die falschen Worte zu benutzen?
Annika: „Ganz bestimmt. Alle haben sie angeguckt. Die paar

Schönheit, Liebe und Gemeinschaft – „Ich gehöre dazu!"

Meter von der Tür zu Jesus an den Tisch, das war die längste Entfernung, die sie jemals überwinden musste."
Was sehen die Menschen, wenn sie dich angucken?
Annika: „Mich."
Eine ausgesprochen hübsche junge Frau.
Annika: „Die Frau damals sah bestimmt gut aus. In ihrem Beruf! Aber sie gehörte nicht dazu. Und sie hatte Angst, das immer wieder zu spüren zu bekommen. Wenn jemand persönlich zu ihr kommt, dann vertraut er sich ihr an – so ist das doch bei Prostituierten, oder? Wenn er sie dann auf der Straße trifft, redet er das, was alle anderen auch sagen und grenzt sie aus."
An was denkst du?
Annika: „Viele halten mich für arrogant und distanziert. Dabei bin ich nur schüchtern. Sie gucken mir ins Gesicht, aber sie sehen nicht, wie es mir wirklich geht, und sie kennen mich gar nicht. Sie sehen ein Mädchen, das irgendwie vielleicht wohl dem gängigen Schönheitsideal entspricht. Aber dann kommt ein Blondinenwitz oder ein Frauenwitz, fertig. Diese Vanessa aus der Geschichte ist sicher ein ganz anderer Mensch als ich, aber wir sind uns näher, als man denkt. Es ist sehr verletzend, wenn man immer auf das Äußerliche reduziert wird. Warum lernen wir uns nicht kennen?"
Frauenwitze, was bedeutet das?
Annika: „Es ist diese Sorte Witz, ein bisschen schmierig, unter der Gürtellinie, anzüglich. Man fühlt sich plötzlich wie ausgezogen. Als ob eine Grenze überschritten wurde in einen persönlichen Bereich. Ich kann mir vorstellen, dass es damals auch solche zotigen Bemerkungen gab."
Und Jesus?
Annika: „Der ist komplett anders! Er kennt mich. Er hört mir zu. Er ist nicht oberflächlich. Er ist höflich, freundlich."
Ein Traummann?
Annika: „Ein Mann, der für meinen Mann ein Vorbild sein sollte. Ich will keinen, der nett ist, solange er alleine mit mir ist, und sobald er in der Gruppe ist, sich stark fühlt und ganz

anders ist. Ich will keinen, der mich bloßstellt, über mich lacht, billige Witze macht. Ich will einen, der sich die Mühe macht, mich kennen zu lernen. Keinen, der nur was Hübsches zum Anfassen braucht. Aber das ist wohl ziemlich anspruchsvoll."
In dieser Frage kannst du gar nicht anspruchsvoll genug sein. Die Frau hat Jesus mit Parfüm gesalbt.
Annika: "Ja, das ist sehr bemerkenswert. Ein Mann hätte ihm vielleicht einen Orden umgehängt oder ein Buch geschenkt. Sie kommt mit Parfüm."
Schlimm? Du schüttelst dich ja!
Annika: "Das ist sehr sinnlich. Sie ist sehr zärtlich – in der Öffentlichkeit! Es ist herausfordernd für mich. Ich muss darüber nachdenken, ob es solche Gelegenheiten gibt, wo ich meine Gefühle so deutlich zeigen kann."
Wenn wir die Geschichte noch einmal spielen würden, was würdest du tun?
Annika: "Ich würde zu Jesus gehen und ihm danken."
Tu das doch!
Annika: "Jetzt? O.k. Ich bete dann mal."

Annikas Gebet:
"Jesus, ich danke dir, dass du auf mich gewartet hast.
Und nicht vorher weggegangen bist.
Ich danke dir, dass du jetzt hier bist, bei uns, bei mir.
Ich danke dir, dass du mich wirklich kennst.
Und ich danke dir für mein Aussehen,
aber mehr noch für meine Freundinnen und Freunde,
die mich kennen lernen und die tiefer gucken.
Ich wollte dir noch sagen, dass ich dich liebe.
Und dass ich nie mehr ohne dich sein will. Amen."

Stephi, war die Prostituierte eine Perle?
Stephi: "Sie war eine kostbare einzigartige Perle. Heute Abend war sie eine Perle für uns. Sie gehört dazu, sie gehört zu Jesus und seiner Liebesgeschichte. Sie ist eine Perle, eine Schwester."

Sie ist schön?
Stephi: „Die Liebe macht schön. Wenn man weiß, dass man geliebt wird, strahlt man von innen. Das ist das Allerschönste."
Du strahlst auch.
Stephi: „Ja. Danke."
Aber die Perle hat auch eine Muschelschale.
Stephi: „Ja. Sie braucht Schutz."
Einen Panzer?
Stephi: „Viel zu militärisch. Einen Schutzmantel, eine warme Decke, einen Schutzraum, eine winddichte Nische, eine Hand."
Die Hand Jesu?
Stephi: „Die Hand Jesu hat sicher an jenem Abend die entscheidenden Gesten gemacht. Die Frau ermutigt, zu ihm zu kommen. Den anderen am Tisch geboten, ruhig zu sein. Der Frau wieder auf die Beine geholfen, nachdem sie niedergekniet war. Ihr zum Abschied gewunken."
Wie schützt dich Jesus?
Stephi: „Er stellt sich vor mich. Er stirbt stellvertretend für mich. Und er lebt, sodass er für mich einspringt."
Was beunruhigt dich an der Geschichte?
Stephi: „Sie schenkt ihm ihr Herz. Sie gibt sich ganz hin. Ohne Angst. Es ist so schwer, in dieser Welt so sein Herz zu schenken. Man muss immer damit rechnen, getroffen, verletzt zu werden."
Stell dir vor, dass Jesus dein Herz mit seiner Hand beschützt. Seine Hände bekommen die Nägel ab, nicht du. Alles, was dich treffen will, verletzt ihn.

Unsere Verabredung, eine Art Gebet

Liebe darf keine Ware sein,
wahre Liebe ist immer ein Geschenk.
Liebe kann nicht gekauft werden
mit Geschenken oder mit Gefälligkeiten.
Liebe kann man nicht machen.
Liebe kann nicht erzwungen werden
mit Druck oder Gewalt.
Liebe ist mehr als Harmonie,
mehr als ein stilles Einvernehmen,
so zu tun, als ob alles stimmt.
Liebe ist nicht, dass eine immer nickt
und sich selbst vergisst.
Liebe ist etwas völlig anderes
als eine Ware, die man produzieren kann.
Liebe kann man nicht machen!
Die Sehnsucht nach wahrer Liebe
ist eine gute Sehnsucht.
Wir wollen die Liebe fördern.
Wir wollen, dass sie wächst.
Die Liebe zu denen, die heute Abend neben uns sitzen.
Die Liebe zu unseren Freundinnen.
Die Liebe zu unseren Schwestern und Brüdern.
Die Liebe zu den Menschen, denen wir viel verdanken,
die Liebe zu unseren Müttern und zu unseren Vätern,
zu unseren Lehrerinnen und Lehrern.
Wir wollen die Liebe fördern.
Wir wollen, dass sie wächst.
Die Liebe zu uns selbst, so wie wir sind.
Wir wollen die Liebe fördern.
Wir wollen, dass sie wächst.
In allem und über allem
die Liebe zu Gott,
die Liebe zur Liebe selbst.
Amen.

Kleines Extra
Blumenwünsche zur Taufe von Juliane

Eines Abends teilte uns Juliane mit, dass sie sich taufen lassen wolle. Seit ein paar Monaten schon wusste sie jetzt, dass sie Christin war, das wollte sie öffentlich zeigen und mit anderen zusammen feiern. Für die Taufhandlung wählte sie die Gemeinde, in der sie sich am meisten zu Hause fühlte und in die auch eine ihrer besten Freundinnen ging.
An einem Sonntagmorgen war es dann so weit. Viele der Teilnehmerinnen von Days of Grace kamen, um mitzufeiern. Wir erlebten, wie Juliane in Jeans und verwaschenem T-Shirt ins Taufbecken stieg, um nachher trocken und in elegantem Kleid wieder in der Kirche zu erscheinen. Das war sehr bewegend und ein starkes Bild für die Veränderungen in ihrem Leben, die durch ihr Leben mit Jesus möglich geworden waren. Wir überreichten Juliane einen bunten Blumenstrauß mit verschiedenen Blumen, die jeweils unsere Wünsche für sie ausdrücken sollten.

„Juliane, du hast einmal gesagt,
ein Traum von dir sei, einen Garten anzulegen.
Voller Blumen in allen Farben.
Der Garten ist das ursprünglichste Bild
von der Gemeinschaft
von Gott und den Menschen.
Wir wünschen dir, dass du in dieser Gemeinschaft selbst wächst und blühst, über dich selbst hinauswächst.

Wir schenken dir eine rote Rose und wünschen dir damit:
In deinem Garten sollen rote Rosen wachsen –
dass du Liebe erfährst, Zärtlichkeit und Glück,
Freundschaft, Hingabe, Herzenswärme, Treue.

Wir schenken dir eine weiße Rose und wünschen dir damit:
In deinem Garten sollen weiße Rosen wachsen –

Symbol für den Widerstand
und Zeichen für den Aufstand
gegen alle Ungerechtigkeit,
dass du gerade stehst
und einstehst für Schwächere.

Wir schenken dir eine Tulpe und wünschen dir damit:
In deinem Garten sollen Tulpen wachsen –
dass du im Winter glauben kannst,
dass es wieder Frühling wird,
in der Kälte an die Wärme des Sommers glaubst,
in jedem Dunkel an das Licht der Sonne,
dass du immer noch mehr hoffst,
als man sehen kann.

Wir schenken dir eine Distel und wünschen dir damit:
In jedem Garten wachsen auch Disteln –
wir wünschen dir, dass du auch in harten, trockenen und dürren Zeiten
Kraft hast zum Blühen und zum Wachsen
und wünschen dir Dornen,
die dich schützen vor Verletzungen.

Wir schenken dir eine Ranunkel und eine Freesie und wünschen dir damit:
Manche Blumen gibt es in vielen verschiedenen Farben –
in deinem Garten soll Platz sein
für viele verschiedene Menschen,
und du sollst sie als Bereicherung erleben
und Ergänzung,
sodass es Frieden gibt, Verständnis und Einmütigkeit.

Wir schenken dir eine Gerbera und wünschen dir damit:
In deinem Garten sollen Gerbera wachsen –
wie diese festliche Blume
für besondere Anlässe

soll dir nichts im Leben selbstverständlich sein,
sondern es soll dir alles besonders bleiben.

Wir schenken dir eine rosa Rose und wünschen dir damit:
In deinem Garten sollen rosa Rosen wachsen –
nicht alle Zeiten sind rosig
und der Himmel ist nicht immer hellblau,
aber es gibt Wichtigeres
über den Himmel zu sagen, als dass er blau ist:
Der Himmel ist dein Zuhause,
dein Ziel, dein Herzenswunsch,
der Ort, wo es leicht ist, gut zu sein,
wo wir geliebt werden ohne Ende.

Wir schenken dir eine Ringelblume und wünschen dir damit:
Manche Blume wächst wie Unkraut –
und erst auf den zweiten Blick stellt man fest,
dass sie schön ist und außerdem gesund
wie die Ringelblume.
So sollen die Dinge für dich sein,
die dich stören:
Du sollst sie als Hilfe erleben und Bereicherung.

Wir schenken dir eine Anemone und wünschen dir damit:
In deinem Garten sollen Anemonen wachsen –
königsblaue Blumen für die Kinder Gottes,
Töchter und Söhne, Prinzessinnen und Prinzen
des Königs der Welt.

Wir schenken dir Schleierkraut und wünschen dir damit:
In deinem Garten soll Schleierkraut wachsen –
ein Zweig trägt viele Blüten.
So sollst du starke Wurzeln haben
und aufblühen unter der Sonne des Himmels.
Christus, das Licht, strahlt dich voller Liebe an."

Fünfter Abend

Worte und Taten

„Ich will lieben, was Gott liebt!"

Zwei Frauen stehen im Mittelpunkt des Abends und regen das Gespräch an. Die eine ist Ester, Königin aus dem Alten Testament, die nicht viele Worte macht, aber geschickt agiert und damit das Leben vieler Menschen retten kann. Die andere ist eine (fiktive) Frau, eine Schwester aus einer der Gemeinden, an die Jakobus seinen Brief schreibt. Sie zeichnet sich dadurch aus, dass sie viel redet, betet und mit Worten (ver-)tröstet. Der Abend soll den Zusammenhang von Worten und Taten zeigen, von Gnade und Gerechtigkeit, von Gebet und Aktion. Von Liebe, die mir zeigt, dass ich selbst geliebt bin, und die mich bewegt, andere zu lieben. Die Frage „What would Jesus do?" wird von einer Teilnehmerin selbst gestellt. Es wird kein ethisches Thema im Besonderen behandelt, es geht um eine Grundaufmerksamkeit für Gottes Willen. Um Gnade und Glaubwürdigkeit.

Opener

Clayton lebt in Indien, ein Christ, der sich sehr für Straßenkinder engagiert, Waisenkinder in den großen Slums der Großstädte – aber eines Tages kriegt er Stress. Von der Regierung, die sagt „Indien den Hindus". Er wird jetzt öfters zur Polizei zitiert. Seine Post wird geöffnet, das Kinderheim beobachtet, Pakete kommen manchmal gar nicht erst an.

Eines Tages bestellt man ihn wieder. Er hat Post bekommen. Von Kindern aus einem Dorf, für die er Geld besorgt hatte. Sie haben Bilder für ihn gemalt, schön bunt, sehr persönlich, mit viel Mühe, als Dankeschön. Er kann sie vor sich sehen, wie sie mit Wachskreiden und Filzmalern ihre Geschenk für ihn basteln.

Der Polizist nimmt den Umschlag, nimmt die Bilder heraus, guckt sich eins nach dem anderen an, zwanzig Bilder. Und dann verbrennt er sie, ganz, ganz langsam, einzeln, über einer Kerze. Mit unbewegter Miene, manchmal mit einem schiefen Lächeln.

Zwanzig Bilder – und für Clayton sind es zwanzig Stiche ins Herz.

Dann, als alle Bilder verbrannt sind, kann er wieder gehen. Bis zum nächsten Mal.

Clayton liebt Jesus. Und er vertraut ihm. Er ist überzeugt davon, dass die Worte Jesu wahr sind und seine Ideen und seine Art die allerbesten für diese Zeit und für die Ewigkeit. „Liebet eure Feinde" – was bedeutet das?

Clayton kommt nach Hause und erzählt. Und man fragt ihn, seine Kollegen und die Kinder:

„Was hast du gedacht? Was hast du empfunden? Hast du nicht eine furchtbare Wut?"

Clayton sagt: „Beim ersten Bild habe ich ihn gehasst. Beim zweiten habe ich angefangen zu beten. Beim fünften etwa tat er mir Leid, weil er nicht auf der richtigen Seite steht, weil er böse ist. Beim achten tat er mir immer noch Leid, aber jetzt, weil man ihm wohl nie zwanzig bunte Bilder schicken würde.

Beim zehnten Bild habe ich weitergebetet und zu Jesus gesagt, dass ich nicht hassen will. Denn dann hätte dieser Mensch Macht über mich, und der Hass würde sich in mein Herz mischen. Ich will aber nicht hassen. Beim elften Bild dachte ich: Er hat Angst vor mir, wie ich Angst vor ihm habe. Beim zwölften fiel mir auf: Er war ja selbst mal ein Kind. Beim fünfzehnten Bild dachte ich: Wir sind beide Kinder Indiens, was könnte ich für ihn tun, dass er das nicht tun muss? Beim achtzehnten entschied ich mich, *für* ihn zu beten, nicht gegen ihn. Beim zwanzigsten Bild schließlich wusste ich in meinem Herzen, dass ich ihn wohl nie mehr würde vergessen können, dass er mir etwas bedeutet, dass ich sein Gesicht kenne, seinen Namen. Und ich erkannte: Er ist kein Feind. Er ist einfach ein Mensch."

Lied: Love is all around

I feel it in my finger. I feel it in my toe
Love is all around me and so the feeling grows
It's written on the wind, it's everywhere I go
So if you really love me, come on and let it show

You know I love you, I always will
My mind's made up by the way that I feel
There's no beginning, there'll be no end,
cause on my love you can depend

I see your face before me as I lay on my bed
I cannot get to thinking of all the things you said.
You gave your promise to me and I gave mine to you
I need someone beside me in everything I do.

(Von CD hören „Love is all around" von Wet Wet Wet, Soundtrack von „Vier Hochzeiten und ein Todesfall"
Text und Musik Reg Presley © 1967 Dick James Music Ltd)

Sharing-Frage:

☼ *Deine Worte und deine Taten, passten sie zusammen – heute?*

(Ein paar O-Töne)

Kara: „Was für eine Frage. Sie trifft mich. Ich fürchte nämlich, dass ich anders rede, als ich mich dann verhalte. Dafür gab es heute eine ganze Reihe Beispiele."

Natalie: „Ich denke, dass ich nach außen oft einen anderen Eindruck mache, als ich wirklich bin."

Anja: „Wer mich kennt, weiß, wo er bei mir dran ist."

Corinna: „Dieses Lied! Wie viele Leute haben solche Songs heute im Radio gehört und von der wahren großen Liebe gesungen ... Und ganz oft ist unsere Liebe einfach so nicht. Wer kann denn so was sagen? ‚Ich werde dich immer lieben, ich will alles für dich tun, ich habe es dir versprochen ...' Singen kann man das. Aber tun!?"

Text

Textgrundlage sind das Buch Ester im Ersten Testament und einige Verse aus dem Jakobusbrief (Kapitel 2, 14-17). Ohne zu verraten, um wen es sich handelt, werden anhand dieser beiden Texte zunächst zwei Frauen beschrieben, Ester (Frau A) und eine Schwester aus der Gemeinde, die Jakobus vor Augen hat (Frau B).

Frau A
Sie war zweite Wahl. Ein Ersatz für seine erste Frau und Geliebte. Aber o.k. Sie gewöhnte sich an ihren Mann. Denn

ihre Erziehung sagte ihr, dass es kein Zufall sein konnte, dass sie jetzt ausgerechnet mit ihm verheiratet war.
Für Menschen ihrer Herkunft war es eine schwierige Zeit, politisch gesehen. Sie gehörte zu einer Minderheit, verleumdet, verhöhnt, und immer öfter auch angegriffen und in Lebensgefahr. Es war nicht das erste Mal und es sollte nicht das letzte Mal sein.
Die Beziehung zu ihrem Mann war inzwischen recht gut. Immer öfter bekam sie jetzt einen Einblick in seine Gedanken, seine Pläne, seine Arbeit.
Erschrocken stellte sie eines Tages fest, dass in ihrer nächsten Umgebung ein Anschlag auf ihre Leute geplant wurde. Und sie wusste, dass sie nicht den Mund halten konnte, wenn ihre Geschwister in Schwierigkeiten gerieten.
Sie glaubte jetzt fest daran, dass es einen Grund hatte, dass ausgerechnet sie jetzt zur Stelle war. Sie machte ihren Einfluss auf ihren Mann geltend. Und so konnte sie wirklich schlimmes Unheil abwenden. Ja, durch ihren mutigen Einsatz rettete sie am Ende tatsächlich Tausenden das Leben. Sie wäre überrascht gewesen zu wissen, dass sie für viele, viele Generationen zu einem Vorbild des Glaubens und der Glaubwürdigkeit wurde.

Frau B
Sie verehrte und liebte Jesus als ihren Retter. Sie war zu Hause in der Gemeinde, auch wenn die Gemeinschaft für alle hier eine große Herausforderung war. Es kamen eben sehr unterschiedliche Menschen zusammen. Aber Gott sollte der Mittelpunkt sein. Das bedeutete für sie persönlich vor allem, für alle zu beten, mit allen zu singen, von ihrem Glauben an Jesus zu reden und vor ihren Geschwistern und vor Fremden Zeugnis zu geben. Ja, sie hatte die Gabe zu reden. Mit Worten drückte sie im Gebet ihre Liebe zu Jesus aus. Und Worte waren ihr liebstes Mittel, die Liebe Jesu weiterzugeben.
So konnte sie, wenn ein Gemeindeglied zum Beispiel Sorgen hatte, sagen: „Friede sei mit dir! Ich bete für dich!", und sie

hatte das feste Vertrauen auf Gott, dass er ändernd und helfend eingreifen würde. Darin war sie ein großes Vorbild in ihrer Gemeinde. Ob es um das tägliche Brot oder um Kleidung oder um ein Dach über dem Kopf ging, sie wusste immer das Richtige zu sagen: „Jesus ist das Brot des Lebens!", „Er sorgt für dich!", „Bei ihm bist du zu Hause." Sie war sehr erschrocken, als ihr Gemeindegründer eines Tages in einem Brief sagte: „Glaube ohne Werke ist tot!"

Interaktiv-Session

Kurze Einstiegsfragen zu den beiden Texten:

☼ *Was denkt ihr über Frau A?*
„Sie ist mutig und sie setzt sich für andere ein."

Ein paar O-Töne

„Sie nutzt ihre Möglichkeiten."

„Sie rettet anderen das Leben."

„Sie muss ihre Leute sehr geliebt haben."

„Sie ist ein Vorbild für viele. Weil sie aufgestanden ist und nicht alles hingenommen hat."

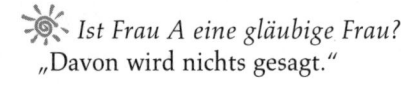

☼ *Ist Frau A eine gläubige Frau?*
„Davon wird nichts gesagt."

Ein paar O-Töne

„Gott kommt gar nicht vor."

„Sie hat eine Tradition, die ihr sagt, dass es keinen Zufall gibt – immerhin."

„Sie tut, was Gott von jedem Menschen will, also ist sie nicht gottlos."

„Sie glaubt vielleicht gar nicht an Gott. Sie kennt nur noch ihre Traditionen."

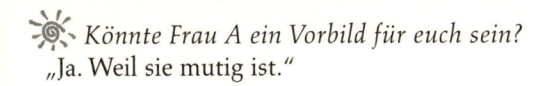

☀️ *Könnte Frau A ein Vorbild für euch sein?*
„Ja. Weil sie mutig ist."

Ein paar O-Töne

„Ich wünschte, sie würde beten. Dann vielleicht."

„Vielleicht. Weil sie stark ist. Aber Gott fehlt ihr."

„Ich weiß nicht genug über sie. Aber ich würde gerne mehr erfahren."

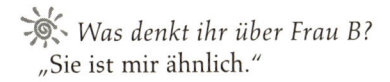

☀️ *Was denkt ihr über Frau B?*
„Sie ist mir ähnlich."

Ein paar O-Töne

„Es ist ihr sehr wichtig zu beten. Sie erwartet viel von Gott."

„Sie redet viel, wenn der Tag lang ist."

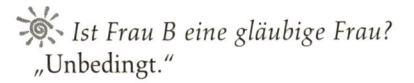

☀️ *Ist Frau B eine gläubige Frau?*
„Unbedingt."

Ein paar O-Töne

„Ja. Ganz sicher. Sie vertraut Gott."

„Sie betet, sie lebt in der Gemeinde. Ja."

Worte und Taten – „Ich will lieben, was Gott liebt!"

☀ *Könnte Frau B ein Vorbild für euch sein?* (Ein paar O-Töne)
„Ja. Weil sie alles mit Gott bespricht."

„Ja, weil sie Gottvertrauen hat."

„Nicht wirklich. Sie redet mir zu viel."

Frau A heißt Ester. Ihre Geschichte wird in der Bibel erzählt, in einem Buch, das ihren Namen trägt. Sie war eine Jüdin und lebte im Perserreich. Als Wasti, die erste Frau des Königs, sich weigert, seine Spielchen weiter mitzuspielen, wird Ester ihre Nachfolgerin, Königin. Auch am Hof ist ihr Cousin Mordechai, der ihr rät, besser zu verheimlichen, dass sie Jüdin ist. Das ist ein erster Hinweis darauf, dass im Perserreich eine antijüdische (antisemitische) Stimmung herrschte – wie es das durch die Geschichte immer wieder gegeben hat. Offen wird diese Stimmung, wenn Mordechais Mitarbeiter ihn anzeigen, weil er Jude ist (3,6).
In dieser Situation passt sich Ester zunächst an. Sie ist Jüdin, hat aber keinen jüdischen Mann geheiratet, von Gebeten und Speisegesetzen ist keine Rede. Aber die Anpassung hat ihre Grenzen. Mordechai weigert sich, seinem Heerführer Haman zu gehorchen. Daraufhin wird die Lage gefährlich, aggressiv. Das jüdische Volk soll vernichtet werden. Als Mordechai die Pläne des Pogroms zu hören bekommt, denkt er sofort an Ester. Sie sitzt an der richtigen Stelle, sie hat eine geringe Chance, Einfluss zu nehmen, vielleicht kann das ihr Volk retten. Anders als Wasti geht Ester nicht den direkten Weg. Aber sie fasst einen klugen Plan, und dieser Plan geht am Ende auf. Am Ende hat sie das Pogrom gegen die Juden verhindert.
Den Namen von Frau B kennen wir nicht, aber im Jakobusbrief (Kapitel 2, 14-17) wird von ihr erzählt. Jakobus schreibt einen Brief an mehrere Gemeinden außerhalb Palästinas. Armut war ein großes Problem in diesen Gemeinden. Es gab Menschen, Witwen, Waisenkinder, Arme, Landarbeiterinnen

und -arbeiter, die sich nicht ausreichend kleiden und ernähren konnten. In der Gemeinde gab es allerdings auch andere, die genug hatten, sogar mehr als genug. Sie schauten auf die Armen herab. Jakobus betont, dass Glaube und Handeln untrennbar zusammengehören.
Welchen Wert hat es, wenn jemand behauptet, an Christus zu glauben, das aber an seinen Taten nicht zu erkennen ist! Stellt euch vor, in eurer Gemeinde sind einige in Not. Sie haben weder etwas anzuziehen noch genug zu essen. Wäre ihnen schon damit geholfen, wenn du zu ihnen sagst: „Ich wünsche euch alles Gute! Hoffentlich habt ihr warme Kleider und könnt euch satt essen!", ohne dass ihr ihnen gebt, was sie zum Leben brauchen? Genauso nutzlos ist ein Glaube, der sich nicht in der Liebe zum Nächsten beweist.

Zusätzlich lesen wir Matthäus 7, 24-28, den Abschluss der berühmten Bergpredigt von Jesus, in dem er den Zusammenhang von Glaube und Taten betont.

Weitere Fragen zu den Texten:

Warum war es wichtig, das aufzuschreiben? (Ein paar O-Töne)
„Jesus geht es darum, dass man ihm nicht nur zuhören soll. Sondern tun, was er sagt. Das ist ein gutes Ende für eine Predigt. Was nutzt es, wenn man nur nickt, aber dann nichts ändert?"

„Wir fragen ja ‚What would Jesus do?', ‚Was würde Jesus tun?' Und das ist mehr als ‚What would Jesus think?' oder ‚What would Jesus say?' Es geht um das ‚do', darum, das Richtige auch zu tun."

„Die Geschichte von Ester ist sehr wichtig. In Deutschland, vor allem während der Nazizeit, hat es auch Pogrome und Judenverfolgung und Vernichtung gegeben. Und man kann nie verstehen, warum nicht mehr Menschen etwas dagegen getan haben. Gerade Menschen mit politischem Einfluss, aber auch andere."

„Ester und Dietrich Bonhoeffer, die passen zusammen."

„Jakobus war wohl richtig sauer. Kann man ja verstehen. Christen, die nur labern, sind total unglaubwürdig. Stellt euch vor, man würde nach Afrika gehen, als Missionarin, und immer was von Jesus erzählen, der das Brot des Lebens ist. Aber die Leute hätten alle Hunger. Das wär doch total daneben."

„Ich habe Ester erst so abgewertet, weil Gott in der Geschichte nicht so direkt vorkommt. Jetzt denke ich: Sie hat mehr verstanden als viele andere. Es tut mir Leid, dass mir die Gebete der Jakobus-Tussi mehr imponiert haben als der Mut von Ester."

Wo entdeckst du dich in den Texten wieder? (Ein paar O-Töne)

„Was ich über Gott denke, was ich über ihn sage, ist das eine. Zu wollen, was Gott will und es dann auch zu tun, ist etwas anderes. Ich entdecke mich nicht in Ester wieder, leider, sondern in der so genannten Jakobus-Tussi."

„Ich denke: Sollte jemals eine von uns ‚Königin' werden, Frau des Bundespräsidenten oder selber Bundespräsidentin ... oder auch nur Familienministerin oder so etwas, sollte sie bei ihrer Vereidigung sagen ‚mit Gottes Hilfe'. Denn die wird sie dann brauchen, die Hilfe von Gott. Die brauchen wir alle, damit wir aufstehen und tun, was wir glauben."

Weitere Fragen an Einzelne:

Ein paar O-Töne

Natalie, du bist heute zum ersten Mal hier. Wie geht es dir mit uns und mit den Texten?
Natalie: „Ich bin irritiert. Weil der Name ‚Days of Grace' mich auf Gnade eingestimmt hat. Und jetzt geht es die ganze Zeit irgendwie darum, das Richtige zu tun."
Unsere Worte halten nicht, was wir versprechen …?
Natalie: „Ich weiß nicht genau, was ich erwartet habe. Aber ich dachte wohl, wenn ich ehrlich bin, an mehr Bestätigung. Jetzt fühle mich hinterfragt."
Und hinterfragt zu werden, ist kein Zeichen der Gnade?
Natalie: „Gib mir einen Moment. Ich ahne, was du meinst, aber so schnell geht das nicht. … Ich kenne dich ja auch nicht. Darf ich dich fragen: Schenkt Gott dir Gnade, damit du glaubwürdig sein kannst? Oder schaffst du das alleine?"
Über die Liebe zu predigen, ist einfach. Zu lieben, ist etwas anderes. Wirklich zu lieben, ist die Herausforderung. Über das Beten zu reden, ist einfach. Zu beten ist etwas anderes. Über das Tun des Willens Gottes zu reden, ist recht bequem, ihn dann wirklich zu tun, ist etwas anderes. Ich tue so oft nicht, was ich sage. Und schaffe nicht, was ich eigentlich richtig finde. Es ist Gnade, dass ich lebe und glaube und dass ich liebe. Ich danke Jesus für diese Gnade und für alles, was er für mich tut. Und ich vertraue ihm.
Natalie: „Und …? Da kommt doch noch was …?"
Ja, genau. Dann kommt noch was. Ich reagiere mit meinem Leben auf die Gnade. Ich will lieben, was Jesus liebt.
Natalie: „Erst kommt also diese Erfahrung der Gnade und dann im zweiten Schritt willst du etwas tun. Als Reaktion auf die Gnade. Weil du Jesus vertraust?"
Ja. Du hast die Geschichte von Clayton gehört. Er betet nicht für seine Feinde, weil er Angst vor Gott hat. Weil er sonst vielleicht in Ungnade fallen würde. Er tut, was Jesus sagt. Was Jesus auch tun würde. Weil er davon überzeugt ist, dass Jesus Recht hat. Clayton hinterfragt mich, da hast du Recht.

Worte und Taten – „Ich will lieben, was Gott liebt!"

Aber er bestätigt auch Jesus, und davon geht sehr viel Kraft aus für mich!
Natalie: „Aber die Bergpredigt und die Gebote und so, die zeigen einem doch vor allem, was wir alles nicht schaffen zu tun."
Ja und nein. Erst einmal sagen sie uns, was wir tun sollen. Jesus mutet uns seine Predigt zu, und das heißt auch, er traut sie uns zu, er vertraut sie uns an. Ich glaube nicht, dass er z.B. mit der Bergpredigt einen Witz machen wollte. Oder mit seinen Ideen nur zeigen, dass wir Sünder sind und sie sowieso nicht in die Tat umsetzen können und es deshalb gar nicht erst versuchen sollen. Hm?
Natalie: „Ja. Ich denke darüber nach."

Marie: „Natalie, ich möchte dich einladen, wieder zu kommen. Und uns kennen zu lernen. Ich selber z.B. komme hier vor allem wegen dieser Themen hin. Dass Gott mich liebt, habe ich schon lange verstanden. Wie mein Glaube auch glaubwürdig wird, ist meine brennende Frage. Die Geschichte von Clayton aus Indien berührt mich. Das will ich hören. Es setzt mich nicht unter Druck – es gibt mir Kraft! Ester berührt mich. Weil sie anders ist. Anders als viele Deutsche. Anders als viele Frauen. Weil sie das Richtige tut und Menschenleben rettet. Die ‚Jakobus-Tussi' kenne ich auch, ich habe auch selber etwas von ihr. Aber stell dir mal vor, wie unglaubwürdig die war!
Wir müssen über Frieden sprechen, über Gewalt, unsere Angst vor dem Fremden, über Armut und Gerechtigkeit. Nicht nur, weil es Themen in dieser Welt sind, sondern weil es Themen der Bibel sind. Ich habe hier viel über die Bibel gelernt. Und neulich haben wir uns getroffen und Katharina hat uns gezeigt, wie man Zeitung liest, was ein Leitartikel ist, ein Feuilleton, eine Schlagzeile. Das war für mich sehr wichtig ... Entschuldige, ich wollte nicht auf dich einreden. Ich wollte nur teilen, wie es mir gerade geht."

☀ *Kara, ist es schlimm, wenn Worte und Taten nicht identisch sind?*
Kara: „Ja, es ist schlimm."
Warum?
Kara: „Dann weiß man nicht, worauf man sich verlassen kann."
Auf wen kannst du dich verlassen?
Kara: „Nicht auf meine Freunde."
Hat dich heute jemand enttäuscht?
Kara: „In meiner Clique ein paar Leute. Sie haben eine Verabredung nicht ernst genommen, die mir sehr wichtig war. Und ich dachte, sie wissen, wie viel es mir bedeutet."
Hast du ihnen gesagt, dass du enttäuscht bist?
Kara: „Ja."
Und wie sind sie damit umgegangen?
Kara: „Sie haben so getan, als würde es nichts ausmachen. Als wären Versprechen, die man nicht hält, Peanuts. Aber das ist keine Kleinigkeit. Weil es das Vertrauen stört. Die kleinen Enttäuschungen fressen sich in das Vertrauen und höhlen es von innen aus."
Noch mal: Auf wen kannst du dich verlassen?
Kara: „Nicht auf meine Freunde. Nicht auf mich selbst. Ich könnte jetzt sagen: auf Gott. Aber ich enttäusche ihn so oft, dass ich mir nicht sicher bin."
Gibt es jemand, der Kara etwas sagen möchte?

Corinna: „Kara, stell dir vor, Jesus ist so sanft und er liebt dich so sehr. Und er kann gar nicht anders, als zu dir zu halten."

Natalie: „Heute ist ein Tag der Gnade, a day of grace. Das stimmt an jedem Tag. Das stimmt immer."

Marie: „Das Stärkste an Jesus ist, dass er hält, was er verspricht. Er liebt dich, egal was du tust. Und er liebt dich so sehr, dass dich diese Liebe verändert."

Juliane: „Kara, du kannst dich auch auf uns verlassen. Du gehörst zu uns, und du bist doch in diesen Erlebnissen nicht auf dich alleine gestellt."

Anja: „Gnade ist so etwas vollkommen Neues. Es stellt alle Prinzipien, die du in der Schule lernst oder in deiner Erziehung, einfach auf den Kopf. ‚Wie du mir, so ich dir' – so geht es sonst. Aber nicht bei Gott. Der sagt: ‚Für dich geb ich alles'."

Anja. Eine Frau, ein Wort ...
Anja: „Ein Mann, ein ganzes Wörterbuch. Geht eigentlich umgekehrt ..."
Anja, eine Frau – ein ganzes Wörterbuch?
Anja: „Nein. Ich rede nicht viel. Und was ich verspreche, das halte ich. Ich versuche es. Ich sage, was ich denke. Und tue, was ich sage. Natürlich gelingt mir das auch nicht immer, aber ich will es."
Jesus – ein Wort?
Anja: „Jesus, das eine Wort Gottes. Und Jesus, das ganze Leben."
Und das alles ist durch nichts zu erschüttern?
Anja: „Nein. Gott hat mich ja erschüttert. Vorher gab es Schule, Freunde, Kunst, Pläne, Drogen. Dann hat mich Gott ‚erschüttert', berührt, gepackt, verändert, durcheinander gebracht, alles neu geordnet, alles verwandelt."
Wie reagieren die Menschen, die dich kennen?
Anja: „Sie merken, dass alles anders ist. Sie sind neugierig und wollen wissen, was passiert ist, dass ich jetzt so anders lebe, so anders rede, mich anders verhalte. Viele haben keinen Plan von Gott, aber sie haben jetzt ja mich ..."
Liebst du sie?
Anja: „Ja. Sehr. Ich rede viel mit ihnen. Ich verschenke Bibeln. Und um noch mal auf die ‚Jakobus-Tussi' zurückzukommen: Wenn jemand zu mir kommt, der ein Problem hat, dann versuche ich, das Problem mit ihm zu lösen. Aber zusätzlich sage

ich ihm auch, dass ich das deshalb so tun kann, weil Gott größer ist als jedes Problem. Handeln und reden, das gehört zusammen."

Abschluss

Jesus tut, was er sagt. Worte und Taten sind bei ihm identisch. Jesus predigte. Und sagte Sätze, mit denen er weltberühmt wurde. Die ihm viele, viele Fans einbrachten – bis heute – und viele Gegner – bis heute. Verachtung und Bewunderung. 2000 Jahre ist das alt und so aktuell wie nie zuvor: „Liebet eure Feinde!" oder „Selig sind, die Frieden stiften."
Liebt eure Feinde. War Jesus ein Spinner? Unrealistisch? Ein Theoretiker, der sich das am Schreibtisch überlegt hat, weil er meinte, so ein Satz über Feindesliebe würde sich doch ganz gut in der Bibel machen? War Jesus ein Idealist? Einer mit hohen Ansprüchen, der aber leider keine Ahnung von der Praxis hat, vom Leben, wie es nun mal so ist? Feinde lieben – ist das nicht total gegen den Trend? Oder hatte der Mann aus Nazareth vielleicht ein paar wirklich gute Ideen?
Jesus tut, was er sagt. Worte und Taten sind bei ihm identisch. Jesus selbst liebt seine Feinde.
Worte und Taten – das sind Gegensätze – bei ganz vielen Menschen. Sie versprechen etwas und halten es nicht. Sie haben Ideen und setzen sie selber nicht um.
Jesus ist anders.
Er sagt nicht: „Seine Feinde zu lieben wäre doch eigentlich eine tolle Idee, fangt doch schon mal damit an." Er sagt: „Liebet eure Feinde" – und dann tut er, was er sagt, und liebt und liebt und liebt ... liebt sogar seine Feinde.
Jesus hat immer getan, was er gesagt hat. Und das machte ihn gefährlich. Und deshalb wurde es gefährlich für ihn. Reden kann man viel. Aber wenn man auch noch tut, was man sagt, und zeigt, dass es geht, dann wird man unbequem. Dann kriegt man Stress.

Jesus labert nicht. Er predigt. Er meint ernst, was er sagt. Und er tut, was er sagt. Was er verspricht, wird wirklich. Deshalb überzeugt er mich.

Verabredung

Gibt es eine Entscheidung, die ihr treffen wollt? Etwas, das anders werden soll in eurem Reden, eurem Denken oder eurem Handeln? Braucht ihr dafür Unterstützung?

Natalie: „Ich werde darüber nachdenken, wie Gnade und Gerechtigkeit zusammenhängen. Ich möchte in der Bibel lesen und forschen, wie Gott selbst mit diesen beiden Seiten fertig wird. Und ich werde wieder kommen. Zu Days of Grace."

(Ein paar O-Töne)

Anja: „Ich wünsche mir, dass wir bald schon nicht mehr über Glaubwürdigkeit reden müssen, einfach, weil wir es sind. Ich bete, dass wir nicht eines Tages einen Brief von Jakobus und Jakobine bekommen, in dem sie uns sagen, dass unser Glaube tot ist. Und ich werde nicht nur dafür beten, ich werde es leben. So gut es eben geht."

Kara: „Ich möchte mich bei euch bedanken, weil ihr mir etwas von der Gnade zeigt. Und es trotzdem nicht so billig nehmt, als würde es nichts bedeuten, was ich tue. Als wäre nicht schlimm, dass wir uns enttäuschen. Danke."

Marie: „Ich werde die Geschichte von Clayton und Ester weitererzählen. Und von Jesus. Sie zeigen alle, dass es möglich ist."

Segensgebet zum Schluss

Jesus, segne uns mit Aufmerksamkeit,
dass wir hören, was du sagst.
Segne uns mit Mut, dass wir sagen, was du willst.
Segne uns mit Gnade, dass wir wollen, was du liebst.
Amen.

Sechster Abend

Welt, Leben, Mut

„Ich kann was tun!"

„Deutsche Frauen werden Fußballweltmeister, gebieten über Verlage und regieren auch sonst kräftig mit. Als Vorbilder mag sie die Gesellschaft trotzdem nicht akzeptieren", schreibt Alice Schwarzer gerade in der „ZEIT" und diskutiert sie in Talkshows. Nicht, dass es keine Vorbilder gäbe, aber sie werden nicht angenommen. Ohne sagen zu wollen, dass Frau Schwarzer mit allem Recht hat, was sie sagt – aber über Vorbilder müssen wir Frauen uns Gedanken machen. Mädchen brauchen Vorbilder! Um davon angezogen zu werden, ermutigt und bestätigt. Um sich an ihnen zu reiben, sich abzugrenzen, sich selbst zu finden. Und: um selbst ein Vorbild werden zu können.

Der Abend erzählt im sehr bewegenden Lied von Kendall Payne und in verschiedenen Geschichten von Menschen, die mutig waren und losgegangen sind – Petrus, Mose, Martin Luther King, Mutter Teresa, Isabella Baumfree – und zielt am Ende auf die Fragen: „Was ist mit dir? Was träumst du?

Wohin willst du?" Und: „Was brauchst du, um etwas bewegen zu können?"

Opener

Nach-Fragen
Warum ich Biografien lese

Als kleines Mädchen las ich
Onkel Toms Hütte
und wunderte mich über den Doppelnamen
der Autorin Harriet Beecher-Stowe
und wollte wissen, wer so heißt
und wer so schreibt
und entdeckte eine Kämpferin für Gerechtigkeit:
„Ich werde schreiben wie ein Maler malt,
denn gegen Bilder kann man nicht argumentieren"

Damit fing es wohl an
Ich wollte jetzt
Frauengeschichten lesen
Storys, die zu mir passen
Vorbilder finden
Bilder ausschneiden
Zeitungsartikel
Zitate in mein Tagebuch kritzeln
nachdenken, nachahmen, nachfühlen
nachfragen
selbst kleine Geschichten schreiben

Kam Teresa als 80-jährige Nonne zur Welt?
Oder woher kam sie?
Woher kommt das Parfüm No. 5?
Wer war Coco Chanel?
Dass ich zur Schule gehen durfte und studieren

verdanke ich das Mary Ward?
Und mein Zimmer für mich alleine
Virginia Woolf?

Kann jedes Mädchen so sein wie Sophie Scholl?
Und wenn man eine Stimme hat wie Maria Callas
muss man dann noch üben, lernen, arbeiten?
Fliegen Agatha Christie die Ideen zu
oder sitzt sie auch vor leerem Papier?

Wer kennt noch Rigoberta Menchú?
Friedensnobelpreisträgerin mit Bibel
Lacht Arundhati Roy in Indien darüber
dass „der Gott der kleinen Dinge"
ein Bestseller wurde?
Oder weint sie?

Was wäre, wenn Rosa Parks
nicht eines Morgens im Bus einfach sitzen geblieben wäre?
Und warum sitzt Dorothy Day im Gefängnis
für den Frieden und die Gewaltlosigkeit?
Und wo ist mein Platz?
Und woher kommt der Mut?

Lied: Moses

A modern day Moses,
walking in the streets.
With shouts of glory and blistered feet.
He's met the maker
he's met the reason, he's alive.
And he's on fire inside

A modern day mother,
living in the slums.

Feeding the hungry,
making sure the race gets run.
Always asking if we fought with steady feet.
She fights on her knees
Let my people go

A modern day Martin
in a world of civil words exchanged.
But dreaming bigger things
maybe he can make the change.
He's heard the storys,
he wants some of his own.
And he's not alone

The time is now
the moment's here,
walk in faith or stand in fear.
Change the course of history,
did you ever think?
No one ever thought –
who would have believed?

A modern day me
what have I become
what can I be?
If there is greatness out there to be achieved.
I want to be more than someone
who just passes through this life.
I want to stand up for what is right

(von CD „Jordans's sister" von Kendall Payne hören,
Musik & Text: Kendall Payne
©1998 Fit For The Queen Music (ASCAP))

Kleiner Tipp: Der Kauf dieser CD lohnt sich wirklich. Beim Zuhören lernt man Kendall Payne als eine junge Frau kennen, die weiß, was sie will und was sie glaubt, wofür sie

kämpft, was sie liebt, was sie beobachtet, kritisch oder wohlwollend – je nachdem. Sehr gut z.B. ist auch der Beitrag „Supermodels", der sich witzig, kritisch, herausfordernd mit dem weiblichen Schönheits- und Schlankheitsideal der Medien auseinander setzt. „Fatherless at Fourteen" (Vaterlos mit vierzehn) ist nicht nur ein Lied für Teens, die fassungslos trauern, weil sie Vater oder Mutter verloren haben. Es ist ein sehr tiefes Lied, in dem der verstorbene Vater zu Wort kommt und seiner Tochter, die zurückbleibt und ohne ihn leben muss, sagt, was sie ihm bedeutet und was er ihr wünscht. Wow!
Aber mein persönliches Highlightlied dieser CD, mein Top-Favorit, ist „Modern Day Moses". Kendall Payne singt, was ich predige ... Ein Mose von heute, Mutter Teresa, Martin Luther King und „ich" haben sich derselben Frage zu stellen: Entscheidest du dich, sitzen zu bleiben, oder stehst du auf und tust, was du für richtig hältst? Was, wenn du ein moderner Mose wärest? Wenn es an dir läge, etwas Bedeutendes zu tun? Spürst du die Herausforderung? Was wirst du tun?

Sharing-Frage:

Hast du heute einen ungewöhnlichen Schritt getan?
Annika: „Alles läuft gerade rund. Ich freue mich über das Leben, aber etwas Ungewöhnliches ist nicht dabei. Mir fehlt aber auch nichts."

Ein paar O-Töne

Mona: „Ich habe das gar nicht so bemerkt, aber ein Lehrer hat mir heute gesagt, dass ich mich in den letzten Monaten sehr positiv verändert hätte und mich jetzt viel aktiver am Unterricht beteilige, viel Eigeninitiative zeige, mutiger geworden bin und so was ... und meine Meinung besser vortragen kann."

Christiane: „Ich wünschte, ich hätte Zeit für etwas Großartiges gehabt. Mut für einen Schritt außer der Reihe."

Welt, Leben, Mut – „Ich kann was tun!"

Jasmin: „Ich schreibe. Ob daraus mal etwas Ungewöhnliches wird, weiß ich nicht. Ich schreibe viel. Ich arbeite daran."

Text

Wir lesen in Matthäus 14, 22-33 die Geschichte von Jesus und Petrus, die auf dem Wasser laufen, und vom sinkenden Petrus und rettenden Jesus.

Kurze Einstiegsfragen zum Text:

☀ *Warum war es wichtig, dass diese Geschichte aufgeschrieben wurde?*
„Sie zeigt, dass Menschen Angst haben, aber dass in der Gegenwart von Jesus die Angst nie das Wichtigste ist." *(Ein paar O-Töne)*

„Die Geschichte zeigt Jesus als Herrn. Er ist stärker als die Naturgesetze. Warum auch nicht? Er hat sie ja mit erfunden."

„Die Geschichte zeigt, dass die meisten Jünger sitzen bleiben. Dass Petrus mal wieder nach vorne prescht. Und dass Jesus mit ihnen allen weiterlebt."

☀ *Wo entdeckst du dich in der Erzählung wieder?*
„Ich frage mich, ob ich wohl so reagieren könnte wie Petrus. Unbedingt da sein zu wollen, wo Jesus ist. Egal, welche Konsequenzen das hat." *(Ein paar O-Töne)*

„Ich stelle mir den Moment vor, als er langsam aufstand. Wie er die Blicke der anderen auf sich spürt. Wie er nur geradeaus guckt auf Jesus, wie er den ersten Schritt über den Bootsrand tut. Ich bewundere Petrus. Er ist mutig. Und ich fühle mich doch eher wie die anderen Jünger, die sitzen bleiben."

„Ja. Ich fühle mich eher wie die anderen, die im Boot sitzen bleiben. Sie tragen eine ganz merkwürdige Mischung aus Gefühlen in sich: Angst, Faszination und Bewunderung für Petrus, gleichzeitig schütteln sie den Kopf und denken: Muss das sein? Das kann doch nur schief gehen!"

„Ich fühle mich manchmal wie Jesus, der jemand anders aufs Wasser holen will. Und er möchte sagen: Es geht! Ich laufe doch auch! Und dann freust du dich, wenn einer auf dich zukommt."

„Um aufzustehen und loszugehen, braucht man immer Mut."

Ein paar Storys

Martin steht auf
Stellt euch vor: Ein Abend wie dieser; etwa dreißig Leute sitzen in einem Raum. In einer theologischen Vorlesung. Alle hören zu, was da vorne erzählt wird. Schreiben mit, sind abgelenkt oder konzentriert. Gucken aus dem Fenster. Alle dreißig hören dasselbe. Und sie sind alle in der gleichen Situation, junge Männer, die zu Pastoren ausgebildet werden, irgendwo in den USA, an der liberalen Ostküste, irgendwann in den 50er-Jahren des letzten Jahrhunderts. Rassismus ist in dieser Gegend kein so großes Problem, auch wenn selbst hier niemals schwarze Kinder mit weißen spielen würden. Es gibt viele kleine Begegnungen im Alltag, die schwarze Menschen demütigen, erniedrigen, ihnen das Leben schwer machen, Angst einjagen. Was soll man machen?
Jeder im Raum, wohl wirklich jeder, hatte in den vergangenen Jahren schon einmal wenigstens kurz gedacht: „Man müsste etwas dagegen tun. Aufstehen. Widersprechen." Aber dann war der Alltag da, die Examensprüfungen, man verliebte sich, man ärgerte sich, oft hatte man auch Angst, aber man stand nicht auf. Denn das würde Wellen schlagen.

Und der Professor vorne erzählte von Angst. Und Wellen. Und von Jesus. Und wie er zu Petrus sagt: „Komm zu mir! Du hast Angst? Gleichzeitig willst du aufstehen und gehen? Komm. Du kannst auf dem Wasser laufen. Verlass das sichere Boot. Ich bin da."
Alle dreißig hören dasselbe. Wie heute Abend. Und denken: „Amen. Mit Jesus ist alles möglich." Dreißig hören das und stimmen innerlich zu, weil sie es schon hundert Mal gehört haben und selbst gepredigt.
Und einer heißt Martin. Martin Luther King. Auch ein schwarzer Pastor. Und 29 um ihn herum denken: „Was muss ich auf dem Wasser gehen? Ich hab genug Stress. Und ich habe Angst." Und er trifft die Entscheidung und sagt: „Ich gehe."
Und er geht. Er steht auf. Er predigt. Er marschiert. Jesus vor Augen. Die Bibel in der Hand. Und bald schon Tausende, die hinter ihm stehen und mitgehen. Konsequent ohne Gewalt, bis zuletzt. Er läuft und schlägt Wellen. Aber er guckt auf Jesus und sagt: „There is power in the blood of the lamb." – „Kraft hat das Blut des Lammes, der gekreuzigte und auferstandene Jesus."
Ein Raum mit dreißig Leuten. Gläubige Menschen, die Jesus lieb haben. Sie hören dasselbe und der eine tut, was er hört. Und steigt aus dem Boot.

Isabella steht auf
Oder stellt euch vor: Ein anderer Tag, etwa dreißig Leute in einem Raum. In einer kleinen Kirche, in einem Gottesdienst. Alle singen, beten, klatschen, sind abgelenkt oder konzentriert. Gucken aus dem Fenster. Alle hören die Predigt. Dreißig Leute, die Sonntag feiern. Die Auferstehung von Jesus. Überwindung. Seinen Sieg. Die Rettung. Und der Prediger spricht über den Auszug aus Ägypten. Über Gott den Befreier. Und er sagt, dass uns die Sünde zu Sklaven macht, aber dass Jesus uns befreit.
Dreißig hören das. Und stimmen innerlich zu. Und haben in

den letzten Jahren mindestens mal kurz gedacht: Man müsste eigentlich noch offener über Jesus reden. Und irgendwie eigentlich auch montags.
Und eine ist Isabella. Isabella Baumfree. Sie ist eine Sklavin. Ein Hausmädchen mit einer sehr erniedrigenden Stellung. Sie kann nicht lesen und nicht schreiben. Sie ist nur ein Mädchen. Oft geschlagen worden, misshandelt.
Und Isabella sagt: „Dann bin ich frei. Wenn die Bibel nicht sagt, dass Gott die Sklaverei schafft, sondern die Bibel sagt: Er befreit aus Sklaverei. Dann bin ich frei. Von meiner Schuld. Und dann habe ich nur noch einen Herrn, nämlich Jesus. Und die anderen können mich nicht länger für dumm verkaufen, ich gehöre ihnen ja gar nicht."
Und sie lässt sich taufen. Und bekommt den schönen Namen Sojourner Truth, unterwegs für die Wahrheit. Und wird eine Evangelistin.
Ein Raum mit dreißig Leuten. Gläubige Menschen, die Jesus lieb haben. Sie hören dasselbe und die eine tut, was sie hört. Und steigt aus dem Boot.

Teresa steht auf
Mutter Teresa wurde ja nicht als 80-jährige Nonne in einem Slum in Kalkutta geboren. Sie kam aus Europa, aus Skopje, irgendwann hörte sie was von Jesus, dass er ihr Leben verändert, sie wurde Nonne – ging nach Dublin, sie ging in den Himalaya in ein Kloster, sie ging nach Kalkutta.
Aber da wurde sie zunächst Lehrerin an einer Schule – wie viele andere auch – und dann Direktorin. Und sie machte die Augen auf. Und stellte Fragen.
„Warum gibt es Slums? Warum sterben Menschen auf der Straße? Warum verhungern in dieser Welt Kinder?" Sie stellte auch die schwere Frage: „Warum lässt du das zu, Gott? Das kann doch nicht so bleiben."
Und was sagte Gott? Ich war nicht dabei, aber es muss so etwas in der Art gewesen sein wie: „Ja, Teresa, das wollte ich dich auch gerade fragen."

Und da ist sie losgegangen. Und unterrichtete Kinder auf der Straße, es wurden immer mehr, sie organisierte Essen, sie bettelte, nach ein paar Monaten hatte sie so viele Helferinnen, dass sie einen neuen Orden gründete: die „Missionarinnen der Nächstenliebe", die sich verpflichten, den Ärmsten der Armen von ganzem Herzen und ohne Gegenleistung zu dienen.

Eines Tages bekam Mutter Teresa Besuch von einer Schauspielerin. Beim Anblick der großen Not und der vielen Arbeit sagte die: „Nicht für hunderttausend Dollar würde ich hier arbeiten." Und Teresa sagte: „Für hunderttausend Dollar würde ich es auch nicht tun."

Interaktiv-Session

Weitere Fragen an Einzelne:

Mona, du hast gar nicht bemerkt, dass du dich verändert hast?

Ein paar O-Töne

Mona: „Ja. Ich habe es nicht so bemerkt. Aber andere haben es wohl bemerkt."

Hattest du geplant, dich zu verändern?

Mona: „Nein. Ich wollte nur offen sein für das, was möglich ist."

Warum ist Petrus aufgestanden?

Mona: „Er wollte zu Jesus. Was die anderen dachten, war völlig egal."

Warum ist Teresa aufgestanden? Wenn nicht für hunderttausend Dollar?

Mona: „Sie hat die Menschen geliebt, die sie gesehen hat. Die Kinder. Und sie hat darin Gott entdeckt. Sie konnte nicht mehr anders als zu helfen."

Warum ist Isabella aufgestanden?

Mona: „Sie konnte auch nicht anders. Sie hat es verstanden, ihre Würde entdeckt, ihre Freiheit, und dann ist sie los-

gegangen. Sie musste das teilen. Sie konnte das nicht für sich behalten."
Warum zeigst du auf einmal Eigeninitiative im Unterricht?
Mona: „Ich weiß mehr, wer ich bin. Was ich kann. Was mir wichtig ist. Warum ich morgens aufstehe. Warum ich lerne. Wo ich hinwill. Was wichtig ist."

☼ *Christiane, wovon träumst du?*
Christiane: „Ein riesiges Bild zu malen. Größer noch als eine Plakatwand. Etwas wirklich Großes, das auch echte innere Größe hat. Ein Bild, das den Menschen etwas Wahrhaftiges zeigt, das sie zum Staunen bringt. Und zum Suchen. Und zu Gott. Und zu den Menschen."
Wann wirst du das malen?
Christiane: „Ich weiß nicht, ob ich es überhaupt malen werde."
Ich schreibe deinen Traum auf und werde dich daran erinnern.
Christiane: „Ja. Tu das, bitte."

☼ *Annika, wovon träumst du?*
Annika: „Mein größter Traum ist, glaube ich zurzeit, zu heiraten. Im weißen Kleid die Treppe runterkommen und in die Arme meines Mannes laufen."
Wie lange wird diese Szene ungefähr dauern?
Annika: „Hm. Ein paar Minuten."
Wie alt bist du dann?
Annika: „Ich hoffe, nicht älter als 25."
Und was träumst du für die Zeit, wenn du älter bist als 25 und ein paar Minuten?
Annika: „Ich weiß es nicht."
Gibt es irgendetwas, das du den Menschen schenken möchtest? Eine Idee? Eine Begabung? Einen Beitrag, den du leisten willst?
Annika: „Ich denke an ganz normale Sachen. An einen Mann, eine Familie, Kinder, ein kleines Haus für uns alleine, meine Ruhe. Ist das verboten?"
Warum wirst du so wütend?

Annika: „Ich will nicht auf diese normalen Träume verzichten. Ich habe Angst, dass Gott das von mir verlangen könnte."

Und? Könnte er? Dürfte er?

Annika: „Ich muss nicht berühmt werden oder etwas Großes tun."

Wollte Mutter Teresa wohl berühmt werden? Was willst du denn werden?

Annika: „Ich will eigentlich nur glücklich werden."

Kennst du jemand, der glücklich ist? Eine Frau, die einen glücklichen Eindruck auf dich macht?

Annika: „Hm. Du zum Beispiel."

Oh ja. Ich habe einen Mann. Aber ich habe keine Kinder. Kein Haus für mich allein. Und nur ganz selten meine Ruhe. Wie kann ich glücklich sein?

Annika: „Dich machen andere Sachen glücklich."

Hm. Was wohl?

Annika: „Irgendwas mit Gott. Irgendwas mit Menschen. Ich weiß nicht, ich versteh es nicht so ganz."

Du weißt: Du musst überhaupt nicht so werden wie ich. Das meine ich nicht.

Annika: „Ja, ich weiß."

Eben warst du wütend, jetzt wirkst du ganz traurig.

Annika: „Ich habe Angst, dass ich es nicht schaffe. Dass ich nicht glücklich werde."

Ich nenne dir ein Zitat von Jayapaul, einem indischen Freund. Auf die Frage „Wie wird man eigentlich glücklich?", antwortete er: „Working hard. Hart arbeiten. Bringing joy to other people. Andere Menschen erfreuen. And trusting God. Und Gott vertrauen."

Annika: „Ja. Ich ahne so was."

Was brauchst du?

Annika: „Ich brauche Mut."

☀ *Jasmin, kann man mit Schreiben die Welt verändern?"*
Jasmin: „Ja, ich glaube, das geht. Viele deiner Beispiele zeigen das. Arundhati Roy, oder so."
Worüber schreibst du? Wo fängst du an?
Jasmin: „Man sollte da anfangen, was einen am meisten bewegt, vielleicht wo man sich am meisten drüber ärgert. Wenn es was gibt, was dich so richtig wütend macht, da solltest du was machen, weil da hast du auch die Energie. Oder etwas, das du wirklich liebst, das dir viel bedeutet. Da hast du auch Energie."
Hast du Mut?
Jasmin: „Nein, oft denke ich zu klein von mir. Als ich neulich einen kleinen Preis für eine meiner Geschichten gewonnen habe, das tat gut. Ich bete, dass Gott mir Bestätigung schenkt. Das tut er auch. Dann kann ich weitergehen. Es ist wie bei Petrus, wirklich, solange du Jesus im Blick hast, kannst du gehen."
Glaubst du, dass die Frage danach, ob du etwas verändern willst, eine gute Frage ist?
Jasmin: „Auf jeden Fall. Sie bereitet dich vor. Sie macht dich aufmerksamer für Gelegenheiten."

Abschluss

Wie singt Kendall Payne?
Jetzt ist der Moment gekommen,
im Glauben loszugehen
oder in Angst sitzen zu bleiben,
die Geschichte zu verändern.
Ein moderner Mose,
eine moderne Teresa,
ein moderner Martin,
ein modernes Ich.
Was wird aus mir?
Was kann ich sein?

Ich will mehr sein als nur irgendjemand,
der einfach so durch sein Leben geht.
Ich will aufstehen und das Richtige tun.

Verabredung

Gibt es eine Entscheidung, die ihr treffen wollt? Etwas, das anders werden soll in eurem Denken oder eurem Handeln? Braucht ihr dafür Unterstützung?

Mona: „ Ich will weitermachen. Und noch einen weiteren Horizont bekommen. Sonst denke ich so klein und begrenzt und bleibe doch nur innerhalb meiner Möglichkeiten. Viele der Frauen, die du am Anfang genannt hast, kenne ich gar nicht. Ich brauche Vorbilder. Ich muss sehen, wie es andere geschafft haben."

(Ein paar O-Töne)

Annika: „Ich denke gerade etwas ganz Verrücktes: Ich glaube, ich muss mal ins Ausland. Nicht in ein Urlaubsgebiet, sondern in die Dritte Welt. Nach Afrika oder Indien. Ich muss sehen, wie das Leben wirklich ist."

Christiane: „Ich möchte euch bitten, mich zu erinnern, dass ich ein großes Bild malen will. Mehr als eins."

Jasmin: „Und ich möchte schreiben. Vielleicht werde ich eine berühmte Schriftstellerin?! Ich weiß, dass ich dazu viel Ausdauer brauche. Ausdauer und Mut eben, wie gesagt. Aber ich freue mich auf den Weg, auf den Gang über die Wellen ..."

Gebet

Jesus.
Wir beten nicht darum,
etwas möglichst Auffälliges zu tun,
oder etwas möglichst Unauffälliges.
Wir beten darum, das Richtige zu tun.
Wenn wir deiner Idee von uns
wenigstens ein bisschen ähnlicher werden könnten,
das wäre wunderbar.
Vor allem beten wir um Mut.
Um Entschlossenheit, Ausdauer
und ein tapferes Herz.
Und wir sagen dir, Jesus:
Ohne dich nicht einen Schritt,
wir gehen mit
dir.
Amen.

Siebter Abend

Wie ein Baum zwischen Himmel und Erde

„Ich will über mich hinauswachsen!"

Der letzte Abend lädt ein zum Weitermachen. Zum Wachsen. Das geschieht zwischen Himmel und Erde. Verwurzelt und in Richtung Licht gestreckt. Der Abend hat das Ziel, eine Vorstellung davon zu bekommen, dass Glaube Bewegung bedeutet und nicht Stillstand, dass Gott uns wachsen lässt und im Glauben erwachsen werden lässt.

Wir begegnen sehr unterschiedlichen kurzen Bibeltexten, die alle mit dem Symbol des Baumes zu tun haben. Das Kreuz, der Dornbusch, der Senfkornbaum, der Baum am Wasser gepflanzt, der Baum des Lebens im neuen Jerusalem. Ohne Wurzeln, ohne fest verankert zu sein im Boden und ohne Verbindung zum lebendigen Wasser, kann ein Baum nicht leben. Wir brauchen Wurzeln.

Erwachsen werden ist anstrengend, Reifen kostet Kraft. Wachsen und Lernen ist mit Arbeit verbunden, oft mit Schmerz, und braucht Zeit. Erwachsen werden ist nicht dasselbe wie älter werden – es meint, die Persönlichkeit entwickeln, sich entfalten, aufblühen. Jesus lädt uns ein, zu wachsen. Gleichzeitig erinnert er uns an unser Kindsein. Er will nicht, dass wir Kinder bleiben, aber dass wir erwachsen wie Kinder werden und wie Kinder vertrauen.

Opener

Ich habe vor ein paar Tagen einen Mann kennen gelernt, Alex, der mir seine Lebensgeschichte erzählte. Seine Mutter war eine 90-jährige Dame, die als sehr streng und stolz galt. Sie hinterließ ihm ein beachtliches Erbe. Er selbst ist ein erfolgreicher Manager. Auch er gilt als streng, oder – das sagte er selbst von sich – als hart, unerbittlich, verbissen. Sein Gesicht zeigt, dass er ein Kämpfer ist. Er hat gelernt, sich zusammenzureißen. Er verlangt viel von sich und viel von anderen. Als ich ihn kennen lernte, fand ich ihn ein bisschen anstrengend, er lachte zu laut und redetet zu laut. Aber dann wurde er ehrlich und sagte, dass er oft alleine ist, geschieden. Und leider ein Einzelgänger. Nur wenn er über seinen Job redete, wurde er etwas gelassener. Da weiß er, was er kann. Da ist er gut und wird belohnt für seine Leistung; da ist seine Art gefragt: Härte ist gut, sonst wird man über den Tisch gezogen. Schnelligkeit ist gut, die Konkurrenz schläft nicht. Vorsicht ist gut, Misstrauen besser. Wissen ist Macht.
Das alles sagte er sehr trotzig – und so, als wolle er sich selbst überzeugen. Als er hörte, dass ich Christin bin, sagte er: „Hilf dir selbst, dann hilft dir Gott", das stünde doch auch in der Bibel. Und er war nicht davon zu überzeugen, dass das wirklich kein Bibelzitat ist.
Neulich sind zwei einschneidende Dinge in seinem Leben passiert. Seine Mutter war gestorben.
Und sein Chef hatte ihn zu sich gerufen. Er wusste: Die nächste Beförderung stand an. Aber sein Chef musste ihm mitteilen, dass er den Job nicht bekommen würde.

Und er sagte ihm: Härte ist nicht alles. Ihnen fehlt die Einfühlsamkeit. Und Schnelligkeit ist auch nicht alles – Gründlichkeit ist nötig. Und Misstrauen ist zwar angemessen, aber ein Vertrauensvorschuss ist manchmal entscheidend für das Gelingen. Und das Vierte, Wissen, ist natürlich wichtig, aber Intuition leitet oft in die richtige Richtung, Kreativität findet originellere Wege. „Insgesamt", sagte der Chef, „sind Sie ein guter Manager. Aber: Sie müssen das Kind in sich entdecken."
Alex ging aus dem Gespräch irritiert und wütend heraus. Besonders der letzte Satz war seiner Meinung nach super bescheuert. Welcher Unternehmensberater hatte sich das wieder ausgedacht? „Das Kind in sich entdecken!"
Als wir uns unterhielten, sagte er: „Damals bekam ich schon so eine Ahnung, dass da irgendetwas dran war. Aber ich konnte das nicht bejahen. Das Kind in mir: Einfühlsamkeit, Genauigkeit, Vertrauensvorschuss, Intuition, Kreativität, Originalität ..."
Aber die Geschichte ging weiter.
Er musste jetzt das Haus seiner Mutter auflösen. Und dachte an seine strengen Eltern, die so stolz auf ihr Lebenswerk waren. Und stolz auf ihren Sohn. Und er entdeckte beim Aufräumen ein paar alte Tagebücher.
Die Vorstellung, dass seine Mutter Tagebuch geführt hatte, fiel ihm schwer. Tagebücher waren etwas für Romantikerinnen, und das war seine Mutter nun wirklich nicht gewesen. Alex war natürlich neugierig und las. Und hörte nicht mehr auf. Er las vom Krieg, von der Flucht, von glücklicheren Jahren, irgendwann kam das Wort Geldsegen immer öfter vor.
Und dann las er von seiner Geburt. Er hatte einen Kloß im Hals, weil er Dinge las, die er nie gehört hatte: Wie dankbar seine Eltern waren, einfach so, als er noch gar nichts geleistet hatte außer lächeln, schreien und essen. Diese Gefühle kannte er gar nicht von ihnen. Er las von Sommerferien und Picknick, wie er schwimmen lernte, von seiner Einschulung, wie

er sich mit seinem Taschenmesser verletzt hatte, und beim Skifahren den Arm gebrochen. Wie er gebastelt hatte und wie verträumt er durch den Garten geschlendert war, wie er stundenlang Geschichten erzählen konnte ... Aber dann las er etwas, das ihm den Atem verschlug. Alex war etwa zehn Jahre alt und seine Mutter schrieb etwa so:

„Alexander ist sehr mitfühlsam. Aber es fehlt ihm an Härte. Aber die Welt verlangt eine gewisse Härte, wer wüsste das besser als ich? Alexander ist so genau in allem und verliebt sich in Details, aber dabei verschleudert er seine Zeit und verliert den Überblick. Alexander ist vertrauensselig, man muss ihm ein gesundes Misstrauen anerziehen, er muss lernen, dass die Welt nicht dein Freund ist. Insgesamt: Wir können dankbar sein, aber es ist nun einmal so: Man kann kein Kind bleiben. Er muss ein Mann werden."

Alex erzählte mir, dass er geweint hatte. Und dass er, wenn die Worte nicht so viel Ähnlichkeit mit dem gehabt hätten, was sein Chef ihm neulich erst noch gesagt hatte, vielleicht nichts gemerkt hätte.

Ich habe ihm den krassen Satz von Jesus gesagt: „Wenn ihr nicht umkehrt und werdet wie die Kinder, werdet ihr nicht ins Himmelreich kommen." Und er sagte: „Ich habe schon so viel verpasst. Ich muss suchen." Und ich durfte für ihn beten.

Lied: Reason to praise

Come on and get loud
Come on and get busy
Unlock the doors fling 'em wide
Storm the gates take the streets
Cause the Lord's alive
Son of God burst the grave
Stole my heart made my shackles fall
And I'm not ashamed
In the gospel a vibrant message

Full of hope for a tired age
Seize the moment and fly
These are Days of Grace

Shout from the mountains
Sing all about Him
Jesus is our reason to praise
Tell every nation
Soul celebration
Jesus is our reason to praise

The wildest road is the one I'm on
It's a spirit ride that leads me to my Avalon
So as I live I aim to be
An offering worthy of this legacy
There's no day we should say we're unwanted
Everyone claim your destiny
We are loved we are saved we are blessed and free

(von CD hören „Run to you" von Judy Bailey, Gerth Medien
Lyrics and music: Judy Bailey ©2002 Dyba Music)

Sharing-Frage:

Ein paar O-Töne

Wie alt hast du dich heute gefühlt?
Ina: „Ich fühle mich sehr jung. Das heißt, es ist noch alles möglich, ich entdecke noch ganz viel, muss mir viele Sachen erst vertraut machen."

Stephi: „Ich habe mich wie eine erwachsene Frau gefühlt, aber jung und wie verliebt. Heilige Schmetterlinge im Bauch für Jesus. Reif. Aber frisch. Offen für Überraschungen. Wie 22. Und das stimmt."

Doro: „Man sieht mir mein Alter nicht an. Die meisten halten mich für 20, dabei bin ich erst 15. Das ist komisch: Ich habe diese fünf Jahre noch nicht erlebt, und trotzdem scheint mein Gesicht sie zu zeigen."

Texte:

Wir lesen fünf kurze Texte, bzw. einzelne Verse der Bibel:
Exodus (2. Mose) 3, 1-5 (der brennende Dornbusch),
Psalm 1 (der Baum am Wasser),
Matthäus 13, 31-32 (der Senfkornbaum),
Markus 15, 24 (das Kreuz),
Offenbarung 22, 1-5 (Bäume des Lebens).

Interaktiv-Session

Kurze Einstiegsfragen zum Text:

Was erzählen diese unterschiedlichen Baum-Texte? Welcher berührt dich am meisten?

„Ich bleibe direkt bei dem ersten Text von dem Dornenbusch. Was auch immer dort passiert, ist stelle mir vor, dass diejenigen, die das aufgeschrieben haben, sagen wollten: Der brennt immer noch, der brennt weiter. Dieser Gott hier ist nicht auszulöschen. Der ruft noch immer. Er sieht das Elend. Er sucht Mose, heute. Er ruft nach Freiheit. Es ist so eine ewige Geschichte, die verbrennt nicht."

(Ein paar O-Töne)

„Ja. Man kann Bücher verbrennen, man könnte diese Geschichte verbrennen, die Bibel sogar. Aber Gott kannst du nicht verbrennen. Der brennt selber lichterloh, ohne zu verbrennen."

„Der Baum am Wasser ist wunderschön. Er gibt allen Hoffnung, die durch die Wüste gehen."

„Manchmal ist das Wasser tief in der Erde versteckt. Aber wenn ein Baum Wurzeln hat, kann er selbst in der Trockenheit blühen. Aber die Wurzeln sieht man nicht."

„Dieser Alex, der Manager, der hat auch Wurzeln: Erziehung, Erfahrungen, die strenge Mutter. Ich brauche gute Wurzeln, Verbindungen zum Wasser, das klar ist und gesund."

„Erst habe ich gedacht, dass das Kreuz zwischen den ganzen Bäumen stört. Aber jetzt stelle ich mir vor, wie das Kreuz an jeder Ecke seiner Balken kleine grüne Knospen bekommt."

„Ich wusste nicht, dass am Ende der Bibel, also am Ende der Geschichte auch, wieder diese Lebensbäume da sind. Das rundet alles ab, es bringt alles zur Vollendung."

„Das Kreuz ist auch ein Baum des Lebens. Jesus ist nicht nur ein Märtyrer, das auch, aber er lebt ja, er ist auferstanden. Und das Kreuz, das mal aus einem gefällten Baum gebaut wurde, lebt dann auch. Es ist ein Folterinstrument, das auch, ein sehr brutales sogar, das will ich nicht verniedlichen, aber es ist jetzt auch ganz anders, ein Liebesbeweis oder Lebensbeweis."

„Ich mag vor allem das Bild von dem Baum, der aus dem kleinen Senfkorn entsteht. Alles fängt ganz klein an. Sogar Gott und sein Himmelreich."

„Ich denke an den Alex. Erwachsen werden und wie ein Kind sein. Das ist eine spannende Spannung."

„Ich stelle mir die Vögel in den Zweigen vor. Dann ist der Baum auch ein Bild für ein Zuhause. Eine Baumhütte wollte ich als Kind immer haben. Man sitzt hoch oben, versteckt, geborgen."

Weitere Fragen an Einzelne:

☀ *Doro, der Baum hat einen sichtbaren und einen unsichtbaren Teil.*

Doro: „Einen Teil dieses Baumes kann man sehen. Stamm, Zweige, Blätter, Früchte, Knospen. Er spendet Schatten, er spendet Früchte. Das sind die äußeren Zeichen dafür, dass alles in Ordnung ist mit ihm. Einen anderen Teil kann man nicht sehen. Die Wurzeln. Die Wurzeln sind wichtig. Ohne sie gibt es kein Wachstum. Das ist ein krasses Baumbild, eine Warnung: Die Verbindung zum Wasser ist überlebenswichtig. Sonst geht der Baum ein. Hat eine Weile noch Blätter, aber dann verwelkt er."

Du sagst, man sieht dir dein Alter nicht an. Oder: Dein Gesicht, was man sieht, erzählt dein wahres Alter? Und auch etwas von deinem Innersten?

Doro: „Bestimmte Erlebnisse graben sich in ein Gesicht ein. Ich habe schon viel erlebt. Menschen, die ihre Wurzeln abschneiden, verblühen. Man kann vielleicht eine Zeit lang noch ein bisschen wachsen, aufgehen, neue Zweige treiben, aber nicht auf Dauer!"

Was sind deine Wurzeln? Wie kommst du ans Wasser? Und was ist das Wasser?

Doro: „Das Wasser ist Gott. Kraft. Leben. Heiliger Geist. Liebe. Meine Wurzeln sind meine Sinne – wie ich Gott entdecken kann: wenn ich lese, wenn ich bete, wenn ich andere Menschen kennen lerne, neue Ideen. Die Wurzeln sind die Aufmerksamkeit für Gott. Und der Wunsch, an ihm dran zu bleiben. Von ihm nehmen zu wollen."

Ohne Wurzeln geht es nicht?

Doro: „Auf keinen Fall. Du brauchst tiefe Wurzeln, die einem Halt geben, auch dann, wenn der Wüstenwind oder der kalte Nachtwind an einem zerrt und einen fertig machen will. Du musst das Wasser erreichen, die unterirdischen Ströme, die den Augen verborgen unter der Oberfläche fließen.

Wie alt fühlst du dich, egal, was die Leute sagen?

Doro: „Auf und ab. Manchmal bin ich albern wie ein kleines Kind, dann wieder nachdenklich und ernst wie eine Erwachsene. Ich kann spontan sein und spießig, alles innerhalb von fünf Minuten."
Und Gott gegenüber?
Doro: „Die Texte von den Bäumen sagen mir, dass er will, dass ich wachse. Über mich hinaus! Die Geschichte von dem Kind sagt mir, dass ich dabei voller Vertrauen bleiben kann."
Ich wünsche dir, dass du wächst. Über dich hinaus! Und ich wünsche dir ein Kinderherz. Kinderaugen. Kinderlieder für Gott.

Psalm 1

Lord, I depend on you
I will bloom and grow
Planted in your truth
I'm planted with strong roots
Lord, I depend on you
Where living waters flow
Seasons come and go
I'm planted to bear fruits

Totally dependent, totally
I will be, I will be
A green tree, a green tree
Dependent on the stream of life
From eternity
Totally dependent, totally

Ina, junge Ina. Fühlst du dich klein?
Ina: „Manchmal noch kleiner als ein Senfkorn. Das bringt wenigstens einen Baum zustande, es weiß, wozu es da ist."
Was tut das Senfkorn denn dafür, dass es ein Baum wird?
Ina: „Es verbuddelt sich."
Tolle Idee von einem Korn?!

Ina: „Es wird verbuddelt."
Von wem?
Ina: „Von jemand, der einen Baum haben will."
Von jemandem, der sich mit Bäumen auskennt?
Ina: „Ja. Und dann geht es auf, es löst sich auf, es hört auf ... und der Baum kann anfangen."
Es stirbt?
Ina: „Ja, das ist krass, aber – ja."
Also, was tut das Senfkorn dafür, dass es ein Baum wird?
Ina: „Es – wie soll ich das sagen – es gibt sich auf."
Wie wäre: Es gibt sich hin?
Ina: „Besser."
Warum ist es besser?
Ina: „Hingabe wird von Liebe motiviert. Wenn ich das auf mich beziehe: Ich wachse, wenn ich mich Gott hingebe."
Ja, aber was bedeutet das? Wie kann ich mir das vorstellen?
Ina: „Ich weiß es nicht. Ich habe das zu schnell gesagt. Ich weiß eigentlich nicht, was damit gemeint ist."
Eine Ahnung?
Ina: „Alles mit Gott zusammen denken. Alles mit Gott erleben. Alles von ihm annehmen und alles an ihn abgeben."
Wow!
Ina: „Wachsen hört wohl ein Leben lang nicht auf."
Da hast du wirklich Recht! Wir wachsen ein Leben lang. Und werden zu Kindern. Crazy, hm?
Ina: „Ja. Vielleicht bleibe ich für eine Weile auch noch kindlich. Wenn mir ein Satz oder eine Erfahrung noch eine Nummer zu groß ist, dann nehme ich mir die Zeit, in sie reinzuwachsen."
Ja. Lass dir Zeit. Was hört sich besser an: „erwachsen werden?" oder „Kind werden"?
Ina: „Die Mischung. Die Bandbreite. Beides ist eine Herausforderung."
Kennt Gott sich gut mit Bäumen aus?
Ina: „Ja, er bringt sie zum Wachsen. Mit Wasser und Licht. Er weiß, was sie brauchen."
Ich wünsche auch dir, dass du wächst. Über dich hinaus! Und

ich wünsche dir, dass du nicht schneller sprichst, als du erlebst. Ich wünsche dir Zeit zum Wachsen.

Stephi, welchen der Bäume wählst du für dich?
Stephi: „Ich kann mich nicht entscheiden zwischen der Geschichte von der Kreuzigung und den Lebensbäumen im neuen Jerusalem, die im Offenbarungstext beschrieben werden. Ich nehme das Kreuz mit ins neue Jerusalem und stelle es zwischen die Bäume des Lebens. Hier gehört es hin."
Und was tust du?
„Ich steh unter dem Kreuz, in einem Garten aus Lebensbäumen."
Das Kreuz ist nicht hässlich?
Stephi: „Nicht mehr. Ein Baum soll eigentlich leben, das Kreuz ist ein gefällter Baum, degradiert zu einem Folterinstrument, degradiert wie Jesus, der an diesem Kreuz stirbt. Ein Baum wächst zwischen Himmel und Erde. Und Jesus hängt zwischen Himmel und Erde, verbindet sie miteinander."
Was für ein Baum bist du?
Stephi: „Sag du es mir, bitte."
In deinen schönen Zweigen finden Vögel ein Zuhause. Bei dir kann man sich einnisten und sicher fühlen, Nester bauen.
Du brennst. Aber du verbrennst nicht. Und du erlischst nicht. Das ist ein Geheimnis.
Und: Du bist nah am Wasser gebaut. Ich weiß, du weinst oft, wenn du betest. Wenn du dich ausstreckst zum lebendigen Wasser. Deshalb blühst du. Deshalb kannst du Früchte bringen.
Stephi: „Das sind wunderschöne Texte, diese Baumtexte. Ein gutes Bild für uns. Zwischen Wasser und Licht. Verwurzelt und sehnsüchtig. Danke."
Ich wünsche auch dir, dass du wächst. Über dich hinaus! Und ich wünsche dir Aufmerksamkeit und Großzügigkeit, die Gott noch da trifft, wo man überhaupt nicht mit ihm rechnet.

Wie ein Baum zwischen Himmel und Erde

Verabredung

☼ *Gibt es eine Entscheidung, die ihr treffen wollt? Etwas, das anders werden soll in eurem Denken oder eurem Handeln? Braucht ihr dafür Unterstützung?*

Ina: „Was ich am allermeisten gelernt habe: nicht etwas zu sagen, das ich gar nicht meine. Nicht etwas nachplappern, das sich richtig anhört, wenn ich gar nicht weiß, was es bedeutet. Es ist nicht schlimm, wenn ich nicht alles weiß. Ich will dann nicht so tun als ob. Ich will lernen. Entdecken. Wachsen eben."

(Ein paar O-Töne)

Stephi: „Ich werde durch den Park gehen und alles wird mir zum Bild."
„Das größte Glück besteht darin, in allem Gott zu entdecken!" sagt eine Mystikerin.
Stephi: „In allem. Im Kreuz und im Baum. Im Tod und in der Auferstehung. In Gott kommen die Gegensätze zusammen."

Doro: „Ich will auf den unsichtbaren Teil des Baumes, des Glaubens achten. Dass die Wurzeln nicht ‚zu kurz' kommen. Der Teil, der verborgen ist, über den man nicht redet. Meine Zeit alleine mit Jesus. Die Liebe, die ich verschenke, wo ich einfach etwas tue. Die unsichtbaren Dinge, für die man keinen Lohn bekommt, keine Anerkennung, und die aber deine Verbindung zu Gott stärken."

Abschluss

Wie war das damals, als Jesus als Mensch auf dieser Erde war? Jesus liebt und liebt und liebt. Und viele sind fasziniert und erleben, dass diese Liebe sie rettet. Und anderen geht er auf die Nerven mit der Liebe. Er stört. Und es wird lebensgefährlich und er liebt trotzdem weiter. Es wird enger. Er liebt. Konsequent. Und da bringen sie ihn um.

Als Jesus am Kreuz hängt, ganz real, historisch, mit Schmerzen, hängt er zwischen Himmel und Erde. Er ist der eine, der beides gut kennt. Diese menschliche Welt und die ewige Welt. Und die Bibel berichtet, dass er außerdem zwischen zwei Verbrechern hängt. Wieder dazwischen.

Und der eine Verbrecher denkt, auf Gott reimt sich nur Spott. Und macht seine Witzchen. Und krakeelt seine Wut raus, rotzt seine Entrüstung über sein jämmerliches Leben Jesus entgegen.

Und der andere sagt: „Merkst du nicht einmal in diesem Augenblick, wer du bist? Und wer dieser hier ist? Musst du immer noch ablenken? Merkst du nicht, dass wir sterben, weil wir es verdient haben? Willst du dich am Ende nur selbst bestätigen? Unser Leben war immer begrenzt von unseren menschlichen Ideen. Und es endet so begrenzt wie menschliches Leben immer endet, mit dem Tod. Aber der hier, Jesus, der weiß was von der Ewigkeit, von Heiligkeit."

Und Jesus sieht ihn an und sagt: „Du gehörst zu mir und ich ziehe dich mit rüber."

Das ist Gnade. Du entdeckst die Wahrheit über dich selbst. Und Gott zeigt dir seine Liebe.

Es ist die entscheidende Erfahrung im Leben! Dein Ja dazu ist die Entscheidung. Die Entscheidung für die Würde. Für Glück. Für Vertrauen. Für Liebe und Gemeinschaft. Für Tatkraft. Für Mut. Für Jesus.

Gebet

Baum des Lebens
Kreuz, du bist kein totes Holz
Du bist der Baum des Lebens
Zeichen der ewigen Befreiung
für die ganze Welt
Ich sehe deine Blüten
Sie trösten mein Herz
und retten meine Seele

Baum des Lebens
ich wünsche mir
dass Vögel ihre Nester bauen
und Kinder ein Zuhause finden
und dem Himmel entgegenwachsen
Ich bete um Sonne und Regen

Baum, am Wasser gepflanzt
hilf mir daran zu denken
nicht nur zu sehen, was an der Oberfläche ist
sondern in die Tiefe zu gehen
Halt mich in deiner Nähe, Jesus
und am Strom des Lebens, heiliger Geist

Baum, der brennt und nicht verbrennt
ewig ruft uns die Stimme des Befreiers
du siehst deine Kinder
und rettest bis heute

Baum des Lebens
in Ewigkeit heilst du unsere Wunden
und stehst fest in der neuen Stadt
der Ewigkeit

Zum Schluss wird ein Segen gesprochen. Die Leiterin spricht langsam den Text, in dem die Teilnehmerinnen aufgefordert werden, jeweils einen Satz pro Strophe mitzusprechen. Jede Strophe wird durch eine Geste unterstrichen.

Segen mit Gesten

Guter Gott, wir kommen zu dir.
Unsere Hände sind leer wie eine kleine Schale, die gefüllt werden möchte.
Unsere Hände sind offen, weil wir uns dir gerne öffnen wollen und von dir nehmen und empfangen möchten.
Unsere Hände wollen aus deiner Hand empfangen.
    (mit den Händen eine kleine Schale formen)
Du kannst sagen:
Unsere Hände wollen aus deiner Hand empfangen.
Wir sagen es zusammen:
Unsere Hände wollen aus deiner Hand nehmen.
Wir kommen mit großen Erwartungen.
Wie eine große Schale, die viel aufnehmen will.
Wie ein Baum, der sich ausstreckt zu dir.
Wir erwarten viel von dir.
    (mit ausgestreckten Armen eine große Schale formen)
Du kannst sagen: Wir erwarten viel von dir.
Wir sagen es zusammen: Wir erwarten viel von dir.

Du führst unsere Gedanken hin zu Christus.
Wir sehen deine Liebe in seinem Gesicht,
in seiner Hingabe am Kreuz.
Mit dem Zeichen des Kreuzes erinnern wir uns an das,
was er für uns tut.
Wir beten im Namen des Vaters, des Sohnes und des heiligen Geistes.
    (bekreuzigen)
Du kannst sagen:

Im Namen des Vaters, des Sohnes und des heiligen Geistes.
Wir sagen es zusammen:
Im Namen des Vaters, des Sohnes und des heiligen Geistes.

Wir wollen dir glauben,
wenn du uns sagst, dass du uns liebst
und dass uns nichts von deiner Liebe trennen kann.
Wir nehmen an, was du über uns sagst.
Wir sind angenommen.
    (eigene Schultern umarmen)
Du kannst sagen: Wir sind angenommen.
Wir sagen es uns zusammen: Wir sind angenommen.
Du hast gute Worte für uns.
Vor dir können wir schweigen und zur Ruhe kommen.
Auf dich wollen wir hören.
Rühr uns an, unsere Ohren, unsere Augen, unsere Lippen.
Deine Worte sind gut zu uns.
    (mit beiden Händen das Gesicht bedecken)
Du kannst sagen: Deine Worte berühren uns.
Wir sagen es zusammen: Deine Worte berühren uns.

Wir können deine Liebe nicht für uns behalten.
Wir werden weitergeben, was du uns schenkst.
Wir haben viel zu geben.
    (Arme mit offenen Händen nach links und
    rechts ausstrecken)
Du kannst sagen: Wir haben viel zu geben.
Wir sagen es zusammen: Wir haben viel zu geben.

Wir danken dir, dass wir beten dürfen.
Wir loben deine Nähe zu uns,
unsere Beziehung zu dir, unser Miteinander.
Mit dir sind wir verbunden, ineinander verwoben.
Unser Leben gehört dir, und du gehörst in unser Leben.
Wir gehören zusammen. Nichts kann uns trennen.
    (Hände falten)

Du kannst sagen: Wir gehören zusammen.
Nichts kann uns trennen.
Wir sagen es zusammen:
Wir gehören zusammen.
Nichts kann uns trennen.
Amen.

Morgendämmerung

Am Morgen nach dem letzten „Days of Grace"-Abend wache ich auf in der Frühe. Sieben Abende liegen hinter mir. Ich durfte sie miterleben, habe sie aufgezeichnet, nachgedacht, Momente in Worte gefasst. Ich habe viele Fragen gestellt. Und wurde dabei selbst verändert. Die Antworten der Mädchen haben mich zurückgefragt. Und ich konnte die sichere Seite verlassen. Selber einen Blick in den Spiegel tun. Einen Schritt auf das Wasser. Und ich wurde zu einer, die staunt.

> In Zeiten der Gnade
> merke ich
> muss ich keine Angst mehr haben
> vor den Fragen, die kommen
> vor Momenten ohne Kontrolle
> vor Reaktionen, die mich überraschen
> vor Augenblicken der Wahrheit
> vor Antworten, die ausbleiben
> vor Einsichten in mein Herz
> Am neuen Morgen
> wache ich auf
> und staune
> „Die Gnade des Herrn hört niemals auf,
> seine Barmherzigkeit hat noch kein Ende,
> sondern sie ist alle Morgen neu."
> (Klagelieder 3,22)

Lesetipps für Mädchen & junge Frauen

Ulrich Wendel

Priska, Junia & Co.

Überraschende Einsichten
über Frauen im Neuen Testament

112 S., Paperback,
ISBN 3-7655-1300-8

Überraschende Einsichten in die Geschichte bemerkenswerter Frauen im Neuen Testament:

✔ spannend und differenziert
✔ erzählt und erklärt
✔ mit einem Extra für Gruppenstunden

... eine selten gute Mischung!
Ein Schmöker- und Lesebuch mit „Aha-Effekt" und gleichzeitig eine gute Vorlage für unterschiedlichste Gruppen (Hauskreis, Frauenkreis, Schüler- und Studentenkreis) – ein Vielzweckbuch für junge wie für erfahrene Bibelleser, besonders für Mitarbeiter.

BRUNNEN VERLAG GIESSEN
www.brunnen-verlag.de

Sue und Larry Richards

Alle Frauen der Bibel

Ihre Geschichte. Ihre Fragen.
Ihre Nöte. Ihre Stärke.

3. Auflage

352 S., gebunden, mit Leseband,
ISBN 3-7655-1813-1

„Frau sein und mit Gott leben – wie kann das heute aussehen? Und wie es sah es damals aus, für all die Frauen der Bibel: die mit oder ohne Familie lebten, als Hausfrau, als Führerin eines Volkes, als Mutter oder als Geschäftsfrau? Eins wird in diesem Buch deutlich: Gott macht Geschichte – mit Frauen und durch Frauen. Mein Fazit: Dieses Buch gehört in jede Mitarbeiter-Bibliothek!"
Birgit Winterhoff, Pfarrerin, Vors. d. Arbeitsgemeinschaft Jugendevangelisation, Vorstand Christival, Sprecherin Morgenandachten im WDR, Referentin Frühstückstreffen für Frauen in Deutschland e. V.

„Hier erfahre ich endlich, wie Frausein aus biblischer Sicht wirklich gedacht ist! Und Paulus habe ich mit diesem Buch erst richtig verstanden. – Ein superinteressantes Nachschlagewerk ist das! Und auch einfach was zum Schmökern."
Josephine Ruiz, Studentin

BRUNNEN VERLAG GIESSEN
www.brunnen-verlag.de